PIERLUIGI ROMEO DI COLLOREDO

CROCE DI GHIACCIO

C.S.I.R ED ARM.I.R.

IN RUSSIA 1941- 1943

In memoria di mio nonno, ufficiale di cavalleria, combattente dello C.S.I.R. e dell'ARM.I.R. e dei suoi colleghi del Campo di concentramento per ufficiali n. 160 di Suzdal.

ISBN: 978-88-9327-2032   1st edition: Febbraio 2017

Title **CROCE DI GHIACCIO - C.S.I.R ed ARM.I.R. in Russia 1941- 1943 (ISE-020)**
By Pierluigi Romeo di Colloredo Mels
Editor: SOLDIERSHOP PUBLISHING. Cover & Art Design: L. S. Cristini.
Prima edizione a cura di Associazione Italia Storica

INDICE

Prefazione 5

Il Corpo di Spedizione Italiano in Russia 1941-1942

Composizione dello C.S.I.R. nell'estate del 1941 . . 7
Le prime operazioni 12
Nikitowka 19
La "Battaglia di Natale" 21

L'Armata Italiana in Russia 1942-1943

Nascita dell'ARM.I.R. 31
Composizione dell'8ª Armata Italiana . . . 33
La prima battaglia del Don 56
Isbushenskij 61
Malyï Saturn, la seconda battaglia difensiva del Don . 66
La ritirata 73

Epilogo 81

Fotografie 83
Mappe 165

Appendici 181
I comandanti italiani in Russia 182
MOVM alle bandiere dei reparti italiani in Russia . . 186
Perdite dello C.S.I.R. e dell'ARM.I.R. . . . 197
I volontari stranieri dell'ARM.I.R. . . . 198
Il Corpo Aereo Italiano in Russia . . . 203
La Regia Marina sul Fronte Russo . . . 210

Bibliografia 213

PREFAZIONE

In questo libro tratteremo gli avvenimenti militari che videro coinvolti lo C.S.I.R. e l'ARM.I.R., senza apologie o autodenigrazioni[1].

Analizzeremo pertanto le operazioni svolte prima dalle truppe italiane sul fronte orientale, valutandone l'efficenza e la resa in combattimento. In particolare, verranno esaminate le battaglie della prima fase offensiva dell'estate del 1941 come Petrikowka, le battaglie di Gorlowka, la difesa di Nikitowka, la battaglia di Natale del 1941 per lo C.S.I.R.; seguiremo poi le operazioni dell'8ª Armata nell'avanzata verso il Don, la prima battaglia difensiva dell'agosto 1942, ed infine l'offensiva sovietica del dicembre dello stesso anno, la ritirata e la reazione ai tentativi avversari di accerchiamento del Corpo d'Armata Alpino nel gennaio del 1943.

Particolare accuratezza è stata posta nelle ricostruzione degli organigrammi, che abbiamo cercato di rendere il più dettagliati possibile.

Una sezione sarà dedicata all'azione della Regia Aeronautica e della Regia Marina sul fronte orientale, ed ai reparti stranieri – cosacchi e croati – inquadrati nel Regio Esercito e nella Milizia, la cui storia è assai poco nota ed alle biografie dei comandanti italiani, Zingales, Messe e Gariboldi.

---

1 In contemporanea alla presente trattazione storico-militare dei fatti d'arme che videro coinvolte le truppe italiane durante l'attacco tedesco all'Unione Sovietica, con l'amico e editore Andrea Lombardi abbiamo deciso di pubblicare un breve lavoro, intitolato *Talianski Karashoi La Campagna di Russia tra mito e rimozione*, Associazione Culturale ITALIA, Genova 2010, che di *Croce di ghiaccio* è necessario complemento. Se in quest'ultimo volume abbiamo affrontato in modo il più possibile obiettivo ed esaustivo l'impiego sul campo dei reparti italiani, in *Talianski Karashoi* affrontiamo invece il *mito* della Campagna di Russia come s'è andato stratificando nella memoria collettiva italiana, vedendo quanto, se, e come corrisponda alla realtà dei fatti.

LE OPERAZIONI DEL CORPO DI SPEDIZIONE ITALIANO IN RUSSIA (C.S.I.R.), 1941-1942

Composizione dello C.S.I.R. nell'estate del 1941

COMANDO

COMANDANTE: GEN. C.A. FRANCESCO ZINGALES, POI GEN. C.A. GIOVANNI MESSE.
CAPO DI S.M.: COL. GUIDO PIACENZA.
C.TE DELL'ARTIGLIERIA: GEN. B. FRANCESCO DUPONT.
C.TE DEL GENIO: COL. MARIO TIRELLI.

QUARTIER GENERALE

SEZIONI MOTORIZZATE CARABINIERI: 193°, 194°, 684°.
33ª SEZIONE TOPOCARTOGRAFICA.
33ª SEZIONE FOTOGRAFICA.
33ª SEZIONE TOPOGRAFI PER ARTIGLIERIA.
88° UFFICIO POSTA MILITARE.
REPARTO FOTOCINEMATOGRAFICO.
DRAPPELLO AUTOMOBILISTICO PER COMANDO DI C.A.
13° NUCLEO MOVIMENTO STRADALE.
1ª SEZIONE CARBURANTI.

UNITÀ DIRETTAMENTE DIPENDENTI

FANTERIA

CIV BATTAGLIONE MITRAGLIERI DI C.A..
II BATTAGLIONE CANNONI 47/32 CONTROCARRO.
1ª COMPAGNIA BERSAGLIERI MOTOCICLISTI.

ARTIGLIERIA

30° RAGGRUPPAMENTO ARTIGLIERIA DI C.A. (C.TE COL. LORENZO MATIOTTI), CON I GRUPPI: LX, LXI E LXI I CANNONI DA 105/32; GRUPPI AUTOCAMPALI: IV E XIX CANNONI CONTRAEREI DA 75/46; BATTERIE: 95ª E 97ª CONTRAEREI CON MITRAGLIERE DA 20 MM MOD. 35.

GENIO

IV BATTAGLIONE ARTIERI, CON: 1ª, 2ª E 3ª COMPAGNIA ARTIERI.
I E IX BATTAGLIONE GENIO PONTIERI.
VIII BATTAGLIONE COLLEGAMENTI, CON: 121ª E 122ª COMPAGNIA TELEGRAFISTI;
102ª COMPAGNIA MARCONISTI; 20ª COLOMBAIA MOBILE.
19ª OFFICINA AUTOCARREGGIATA PER MATERIALI DI COLLEGAMENTO.
88ª SEZIONE FOTOELETTRICISTI AUTOCARRATA.
CHIMICI. I BATTAGLIONE CHIMICO. 16ª COMPAGNIA TRUPPE CHIMICHE.
M.V.S.N.. 63ª LEGIONE "TAGLIAMENTO" (C.TE CONSOLE NICOLÒ NICCHIARELLI) CON: LXIII E LXXIX BATTAGLIONE CC.NN.; LXIII BATTAGLIONE ARMI D'ACCOMPAGNAMENTO (DELL'ESERCITO).

REGIA AERONAUTICA

C.TE COL. CARLO DRAGO.
C.DO LXI GRUPPO DI OSSERVAZIONE PER L'ESERCITO, CON: SQUADRIGLIE DA OSSERVAZIONE 34ª, 119ª, 128ª;
C.DO XXII GRUPPO DA CACCIA, CON: SQUADRIGLIE DA CACCIA 359ª, 362ª, 369ª, 371ª.

Servizi

di Sanità: 14ª Sezione di Sanità. 1ª e 2ª Autoambulanza radiologica. 14ª Autoambulanza odontoiatrica. 2ª e 25ª Sezione disinfezione.
Ospedali da Campo: 60°, 64°, 163°, 164°, 235°, 238°, 239", 256", 257°, 820°, 828°, 829°, 830°, 831°, 837°, 838°, 873°.
2ª e 104ª Sezione bonifica per gassati.
Laboratorio chimico, batteriologico, tossicologico.
di Commissariato: 87ª Sezione sussistenza. 19ª Sezione e 23ª Squadra panettieri con forni rotabili.
di Veterinaria: 2ª e 6ª infermeria quadrupedi.
Trasporti: 82ª Reparto salmerie.
2° Autoraggruppamento di Armata (C.te Col. Ginesio Ninchi) con:
XXIX Autogruppo pesante, con gli: Autoreparti pesanti: 33°, 34°, 96°, 97°;
II Autogruppo misto, con gli: Autoreparti pesanti: 26°, 32°, 91°; Autoreparto leggero: 116°; 228° Autoreparto misto; 51° Autoreparto autoambulanze.
15ª Officina di autogruppo.
8° Reparto Soccorso Stradale.
13° Nucleo Soccorso Stradale.

Tribunale militare di guerra dello C.S.I.R.

Presidente: Col. G. Batt. Costa.

9ª Divisione autotrasportabile "Pasubio"

Comando

Comandante: Gen. D. Vittorio Giovanelli.
Capo di SM: Ten. Col. Umberto Ricca.

Quartier Generale

Sezioni Motorizzate Carabinieri: 25ª e 26ª.
9° Drappello automobilistico per C.do D.f..
91ª Sezione carburanti.
9° Nucleo Soccorso Stradale.
8° Nucleo movimento stradale.
I Gruppo fotocinematografico.
83° Ufficio Posta Militare.

Fanteria

C.te Fanteria Divisionale: Gen. B. Aldo Princìvalle.

79° Rgt.f. *Roma* (C.te Col. Rocco Blasioli) su:
Comando e Compagnia Comando di Reggimento;
Compagnia mortai da 81;
Batteria cannoni d'accompagnamento da 65/17;
Battaglioni (I, II e III), ciascuno su: Comando e Compagnia Comando di Battaglione; tre compagnie fucilieri; Compagnia armi d'accompagnamento (mitragliatrici e mortai da 81).

80° Rgt.f. *Roma* (C.te Col. Epifanio Chiaramonti) su:
Comando e Compagnia Comando di Reggimento;
Compagnia mortai da 81;

Batteria cannoni d'accompagnamento da 65/17;
Battaglioni (I, II e III), ciascuno su: Comando e Compagnia Comando di Battaglione; tre compagnie fucilieri; Compagnia armi d'accompagnamento (mitragliatrici e mortai da 81).
V e IX Battaglione mortai da 81.
9ª e 141ª Compagnia cannoni controcarro da 47/32.

Artiglieria

8° Reggimento Artiglieria Motorizzato (C.te Col. Alfredo Reginella) su: Comando e Reparto Comando di Rgt.; I Gruppo motorizzato obici da 100/17; II e III Gruppo motorizzato cannoni da 75/27; Reparto munizioni e viveri.
85ª e 309ª Batteria contraerei con mitragliere da 20 mm mod. 35.

Genio

30ª Compagnia genio artieri.
9ª Compagnia genio telegrafisti e radiotelegrafisti.
95ª Sezione fotoelettricisti.

Servizi

di Sanità:
5ª Sezione di Sanità.
Ospedali da Campo: 825°, 826°, 836°, 874°.
25° Nucleo chirurgico.
di Commissariato:
IIª Sezione sussistenza.
26ª Squadra panettieri con forni rotabili.

52ª Divisione autotrasportabile "Torino"

Comando

Comandante: Gen. D. Luigi Manzi.
Capo di SM: Ten. Col. Umberto Scalcino.

Quartier Generale

Sezioni Motorizzate Carabinieri: 56ª e 66ª.
52° Drappello automobilistico per C.do D.F..
52ª Sezione carburanti.
52° Nucleo Soccorso Stradale.
5° Nucleo movimento stradale.
11ⁿ Gruppo fotocinematografico.
152° Ufficio Posta Militare.

Fanteria

C.te Fanteria Divisionale: Col. i.g.s. Ugo De Carolis.

81° Rgt.F. *Torino* (C.te Col. Carlo Piccinini) su:
Comando e Compagnia Comando di Reggimento;
Compagnia mortai da 81;
Batteria cannoni d'accompagnamento da 47/32;
Battaglioni (I, II e III), ciascuno su:
Comando e Compagnia Comando di Battaglione;

tre Compagnie fucilieri;
Compagnia armi d'accompagnamento (mitragliatrici e mortai da 81).

82° Rgt.f. *Torino* (C.te Col. Evaristo Fioravanti) su:
Comando e Compagnia Comando di Reggimento;
Compagnia mortai da 81;
Batteria cannoni d'accompagnamento da 47/32;
Battaglioni (I, II e III), ciascuno su:
Comando e Compagnia Comando di Battaglione;
tre Compagnie fucilieri;
Compagnia armi d'accompagnamento (mitragliatrici e mortai da 81).
XXVI e LII Battaglione mortai da 81.
52ª e 171ª Compagnia cannoni controcarro da 47/32.

Artiglieria

52° Reggimento Artiglieria Motorizzato (C.te Col. Giuseppe Ghiringhelli) su:
Comando e Reparto Comando di Rgt.;
I Gruppo motorizzato obici da 100/17;
II e III Gruppo motorizzato cannoni da 75/27;
Reparto munizioni e viveri.
352ª e 361ª Batteria contraerei con mitragliere da 20 mm mod. 35.

Genio

57ª Compagnia genio artieri.
52ª Compagnia genio telegrafisti e radiotelegrafisti.
69ª Sezione fotoelettricisti.

Servizi

di Sanità:
52ª Sezione di Sanità.
Ospedali da Campo: 89°, 90°, 117°, 578°.
52° Nucleo chirurgico.
di Commissariato:
52ª Sezione sussistenza.
65ª Squadra panettieri con forni rotabili.

3ª Divisione Celere Principe "Amedeo Duca D'Aosta"

Comando

Comandante: Gen. B. Mario Marazzani.
Vice Comandante: Gen. B. Gioacchino Solinas.
Capo di SM: Ten. Col. Dandolo Battaglini.

Quartier Generale

355ª e 356ª Sezione Celere Carabinieri.
3° Drappello automobilistico.
7° Nucleo movimento stradale.
III Gruppo fotocinematografico.
40° Ufficio Posta Militare.

FANTERIA

3° REGGIMENTO BERSAGLIERI.
COMANDANTE: COL. AMINTO CARETTO.
COMANDO E COMPAGNIA COMANDO DI REGGIMENTO.
TRE BATTAGLIONI BERSAGLIERI autotrasportati (XVIII, XX, XXV).
DUE COMPAGNIE BERSAGLIERI MOTOCICLISTI (2° E 3°).
122° AUTOREPARTO LEGGERO.
172ª E 173ª COMPAGNIA CANNONI CONTROCARRO.

3° REGGIMENTO *SAVOIA CAVALLERIA*.
COMANDANTE: COL. WEISS POCCETTI.
COMANDO E SQUADRONE COMANDO DI REGGIMENTO.
DUE GRUPPI SQUADRONI, SU:
 COMANDO;
 DUE SQUADRONI CAVALIERI (O LANCIERI).
5° SQUADRONE MITRAGLIERI.

5° REGGIMENTO *LANCIERI DI NOVARA*.
COMANDANTE: COL. EGIDIO GIUSIANA.
COMANDO E SQUADRONE COMANDO DI REGGIMENTO.
DUE GRUPPI SQUADRONI, SU:
COMANDO;
DUE SQUADRONI CAVALIERI (O LANCIERI).
5° SQUADRONE MITRAGLIERI.
93ª E 101ª BATTERIA CONTRAEREI CON MITRAGLIERE DA 20 MM MOD. 35.

3° REGGIMENTO ARTIGLIERIA A CAVALLO.
COMANDANTE: COL. CESARE COLOMBO.
COMANDO E REPARTO COMANDO DI REGGIMENTO.
TRE GRUPPI DI ARTIGLIERIA IPPOTRAINATA SU DUE BATTERIE CANNONI 75/27 MOD. 1912.

GRUPPO CARRI VELOCI *SAN GIORGIO*.

GENIO

105ª COMPAGNIA GENIO ARTIERI PER DIVISIONE CELERE.
103ª COMPAGNIA GENIO RADIOTELEGRAFISTI PER DIVISIONE CELERE.

SERVIZI

DI SANITÀ:
73ª SEZIONE DI SANITÀ.
OSPEDALI DA CAMPO: 46°, 47°, 148°, 159°.
20° NUCLEO CHIRURGICO.
DI COMMISSARIATO:
93ª SEZIONE SUSSISTENZA.
59ª SQUADRA PANETTIERI CON FORNI ROTABILI.
TRASPORTI A TRAZIONE MECCANICA:
213° AUTOREPARTO MISTO.

LE PRIME OPERAZIONI

19 GIUGNO [1941] – Ricevo il Tenente Colonnello Fornara. Argomenti: grandi unità per la Russia. Due soluzioni: o due divisioni autotrasportate ed una celere ovvero una celere e due trasportabili. Si propende per la seconda soluzione; invece del corpo d'armata speciale sarebbe preferibile l'autotrasportabile Zingales: la milizia deve diventare una specie di S.S. (*Schutzstaffelen* [2]): scaglioni di difesa e guardia armata della rivoluzione e qualche unità che entrerebbe nell'esercito. Divisione tipo "Adolfo Hitler"[3].

Con questa annotazione del diario del Capo di Stato Maggiore Generale, Generale Ugo Cavallero, per la prima volta si fa riferimento ad una partecipazione italiana alla prossima campagna del Terzo Reich contro l'Unione Sovietica, che sarebbe iniziata tre giorni dopo, il 22 giugno[4]. È anche un'annotazione storicamente fondamentale, perchè dimostra come, lungi dall'essere tenuta all'oscuro dall'alleata Germania ed avvertita solo a cose fatte, come scritto e ripetuto dalla vulgata del dopoguerra (Montanelli e Cervi scrivono di *imminente e imprevista - almeno nella sua immediata scadenza - folgore hitleriana*[5]) l'Italia fascista sapesse benissimo, sin dalla fine di aprile-inizi di maggio, del prossimo attacco tedesco all'URSS e come, anzi, avesse già deciso di parteciparvi con quello che sarebbe diventato lo C.S.I.R., allora denominato *Corpo d'Armata Autotrasportabile*, inizialmente posto agli ordini del generale Francesco Zingales, come riportato dallo stesso Cavallero.

Per la cronaca, venne infine deciso di inviare *una* [Divisione] *celere e due trasportabili*, la 3ª Celere *Amedeo duca d'Aosta* e le divisioni *Torino* e *Pasubio*, due tra le migliori Divisioni di fanteria italiane, appartenenti al Corpo d'Armata di Manovra del Po, affiancate, per sottolineare il significato di lotta politica contro il comunismo, da una Legione di Camicie Nere d'Assalto, la *Tagliamento* (63ª) in rappresentanza del Partito Nazionale Fascista[6].

Da ciò si vede quanto siano attendibili affermazioni quali, ancora a giugno,
Accordi e consultazioni fra Hitler e Mussolini circa l'apertura del nuovo fronte non ve ne erano stati[7].

Come si è visto, la realtà è diversa.

Da quel momento proseguì l'approntamento del Corpo, che venne dotato di quanto di meglio la magra industria bellica italiana potesse mettere a disposizione senza danneggiare il fronte più importante per la strategia italiana, l'Africa settentrionale, dove gli italo-tedeschi, passati al contrattacco già a febbraio, stavano stringendo d'assedio la piazzaforte di Tobruk.

Mussolini stesso, memore degli errori commessi in Africa ed in Grecia, volendo fare bella figura agli occhi sin troppo severi degli alleati, annotò a margine di uno specchio numerico allegato ad una relazione di Cavallero, datata 27 giugno, che prevedeva l'invio in URSS di 2.900 ufficiali, 50.000 militari di truppa, 4.600 quadrupedi, 5.100 automezzi, 51 apparecchi da

---

[2] Sic! Probabilmente si tratta di un refuso di stampa, Cavallero parlando correntemente il tedesco.
[3] Ovvero la *1. SS-Panzer-Division "Leibstandarte Adolf Hitler"*. Proprio per analogia alla *Leibstandarte* i battaglioni vennero denominati M[ussolini].
[4] Si è sostenuto che tale data – la notte del solstizio d'estate – sia stata scelta perchè beneugurante; in realtà se così fosse, sarebbe stata una scelta quantomeno peregrina: era il 129° anniversario dell'invasione napoleonica del 22 giugno 1812. Un pessimo auspicio: quello stesso giorno, al momento del passaggio del Niemen, Vizir, il cavallo di Napoleone si impennò a causa di una lepre, e l'Imperatore cadde da cavallo. *Un romano sarebbe tornato indietro*, commentò Philippe de Segur; Napoleone non lo fece, e neppure Hitler.
[5] I. Montanelli, M. Cervi, *L'Italia della disfatta*, Milano 1983, pp. 163-164.
[6] Sulla Legione CC.NN. d'Assalto *Tagliamento* (poi Gruppo Btgg. CC.NN. d'Assalto *M*) in Russia, Romeo di Colloredo 2008, pp. 45 segg.
[7] Fusco 2004, p. 12.

caccia, 22 apparecchi da ricognizione, 10 aerei *SM 81* da trasporto:
Quattromilaseicento quadrupedi? Troppi, per tre divisioni moderne! Se cinquemilacinquecento automezzi sono sufficienti per trasportare una sola Divisione, per le due per le quali è previsto l'autotrasporto, sono pochi! Questa volta non tollero "pressapochismi"!
Bisogna mettercela tutta. M.
Per la fine di giugno il Corpo d'Armata Autotrasportabile era pienamente operativo e pronto all'invio al fronte.
Il 9 luglio il Corpo ricevette la denominazione ufficiale di Corpo di Spedizione Italiano in Russia con il seguente ordine del Comando Supremo:

Tutte le forze, terrestri ed aeree, destinate ad operare sul fronte russo costituiranno il Corpo di Spedizione Italiano in Russia (C.S.I.R.). Conseguentemente dal 10 luglio 1941 il Comando del Corpo d'Armata Autotrasportabile assumerà la denominazione di Comando del Corpo di Spedizione Italiano in Russia.
Dopo esser stato passato in rassegna da Mussolini a Verona, il Corpo di Spedizione Italiano iniziò il dieci luglio il proprio trasferimento verso la Russia.
L'otto luglio il generale Zingales emise il primo ordine del giorno diretto alle truppe dello C.S.I.R., primo atto di una delle campagne militari più memorabili della storia italiana:

Comando del Corpo di Spedizione Italiano in Russia

P.M. 88, li 8 luglio 1941- XIX

ORDINE DEL GIORNO N. 1.

Il Corpo di Spedizione Italiano inizia il suo movimento verso la Russia, orgoglioso del compito affidatogli, forte della sua volontà, della sua fede, della sua valentia, sicuro della vittoria.
Tutta l'Italia lo segue col cuore, tutte le nazioni attraverso le quali esso passa lo salutano con viva simpatia; cinque eserciti, a fianco dei quali esso deve combattere, lo attendono con speciale interessamento. Esso è l'Esercito d'Italia, dove nacque e si sviluppò il Fascismo che ha sempre combattuto ed oggi combatte, per la seconda volta, il bolscevismo.
Il Corpo di Spedizione saprà mantenersi degno della sua missione, saprà imporsi all'ammirazione di tutti con il suo valore, il suo contegno, la sua disciplina e raggiungerà con la gloria delle armi, il trionfo dell'Idea.

SALUTO AL RE
SALUTO AL DUCE
IL GENERALE DI CORPO D'ARMATA
COMANDANTE

f.to Francesco Zingales[8]

Il trasferimento fu lungo e complesso, coinvolgendo oltre duecento treni e si svolse in venticinque giorni, compresi diciassette di movimenti effettivi.
Il percorso si svolse per ferrovia sino oltre l'Ungheria, poi lo C.S.I.R. utilizzò i propri mezzi per raggiungere la zona di radunata nella regione di Gura Humororului, nella Moldavia rumena.

---

8   Ripr. in Rati 2005, p. 60. Per curiosità, il timbro del protocollo reca ancora l'indicazione Comando Corpo Armata AUTOTRASPORTATO Ufficio Operazioni

Quando il C.S.I.R. giunse in Russia (Messe aveva sostituito Zingales, colto da improvviso malore – una congestione polmonare – a Vienna) gli italiani vennero posti dapprima alle dipendenze della *11. Armee* tedesca, ma già il 14 agosto lo C.S.I.R. passò agli ordini del Generale Ewald von Kleist, comandante della *1. Panzerarmee*.

Nel mese di agosto, al quadrivio di Ladishinka, diciotto chilometri a sud di Uman, una rappresentanza dello C.S.I.R. di cui facevano parte la Legione CC.NN. d'assalto *Tagliamento*, un reparto di Bersaglieri motociclisti del 3° Reggimento, un Battaglione ed un Gruppo d'artiglieria della *Torino* ed un Battaglione anticarro venne passata in rassegna da Mussolini, da Hitler, accompagnati dai rispettivi Stati Maggiori, e dal Generale Giovanni Messe, comandante del Corpo di Spedizione Italiano in Russia[9].

Così descrisse la scena Dino Alfieri:

A causa delle condizioni veramente disastrose del terreno [la rivista] si svolse in modo che fu inevitabilmente un po' disordinato. I conducenti degli autocarri facevano sforzi per tenere le distanze, per procedere sulla stessa linea, per attenuare gli slittamenti.

I reparti si presentavano bene, i soldati erano sbarbati, le armi ben tenute. Quando passavano davanti a Mussolini, e voltavano, con uno scatto, il viso verso di lui, molti non sapevano trattenere un'espressione di compiacimento e di contentezza[10].

L'11 agosto, lo stesso giorno della rivista passata dai due capi dell'Asse, la 9ª Divisione *Pasubio*, e con essa il Corpo di Spedizione, ricevette il battesimo del fuoco nella battaglia detta dei due fiumi (Bug e Dniestr) nel corso l'offensiva tedesca sul Bug, che faceva seguito alla distruzione della 6ª e della 12ª Armata sovietiche.

La *Pasubio* ebbe l'incarico di tagliare la ritirata ai sovietici che fuggivano verso le testa di ponte di Nikolajev, dove si trovava l'unico ponte rimasto in mano sovietica

Una colonna, composta da elementi dell'80° Fanteria *Roma* combatté a Pokrovskoie ed a Jasnaja Polyana tra il 12 ed il 14 settembre, riuscendo a catturare parte delle forze avversarie, anche se altre riuscirono a passare il fiume.

A Jasnaja Polina avvenne un episodio che, paradossalmente, fece salire notevolmente il rispetto tedesco verso la *Pasubio*.

Subito dopo che i fanti dell'80° avevano avuto ragione della resistenza sovietica, un reparto di cavalleria delle *Waffen-SS* tentò di tagliare la strada agli italiani per impadronirsi del ponte. Il comandante di Reggimento, Colonnello Chiaramonti, ordinò di sparare raffiche di mitragliatrice davanti ai cavalli, e le *Waffen-SS* dovettero fermarsi, lasciando passare i fanti che occuparono l'obbiettivo.

Non si trattava probabilmente, come è stato detto, del tentativo di fare uno sgarbo agli italiani, ma piuttosto del tentativo, da parte di truppe montate e maggiormente mobili, di inseguire l'avversario; tuttavia i tedeschi non si aspettavano una tanto energica reazione da parte di alleati considerati quantomeno con condiscendenza.

Venne aperta un'inchiesta, e all'*SS-Brigadeführer* Hermann Fegelein[11] che lo invitava a far

---

9   Il viaggio del Duce sul fronte russo era stato ritardato a causa della morte in un incidente di volo del figlio Bruno precipitato con il suo bombardiere quadrimotore *P108* presso Pisa.

10   Cit. in Pini, Susmel 1973, IV, p. 141. Sulla visita di Mussolini in Russia e l'incontro con Hitler, cfr. S. Corvaja, *Mussolini nella tana del lupo*, Milano 1982, pp. 248 segg.

11   L'*SS-Brigadeführer* Hermann Fegelein, decorato della Croce di Cavaliere con Fronde di Quercia e Spade, sposò la sorella di Eva Braun. Il suo *Kampfgruppe*, che comprendeva insieme ad altri reparti l'*8. SS-Kavallerie-Division*, venne impiegato soprattutto nella lotta antipartigiana.

addestrare meglio i mitraglieri perché

sparavano male, l'altro giorno per errore hanno preso sotto tiro la nostra cavalleria,

Chiaramonti ribattè che non era stato un errore ma di aver dato personalmente l'ordine, e di essere prontissimo a rifarlo:

I vostri cavalieri, all'ultimo momento, stavano per tagliarci la strada. Non tollero certi sgambetti[12].

Da notare come i tedeschi non abbiano preso alcun provvedimento contro il comandante dell'80°, ma anzi sia aumentata la stima per Chiaramonti, stima che gli avvenimenti successivi (Gorlowka, Nikitowka) avrebbero dimostrato pienamente giustificata, tanto che per quest'azione Chiaramonti ricevette la Croce di Ferro di 2ª classe, e a Nikitowka ebbe quella di 1ª classe.

Poche settimane dopo, nell'area del Dnjepr, le Divisioni *Pasubio* e *Torino*, appoggiate dalla *Celere*, ebbero un ruolo decisivo nella battaglia di Petrikowka, nella quale vennero catturati 60.000 sovietici; in quest'occasione le Camicie Nere della Legione *Tagliamento* ebbero il battesimo del fuoco.

Il 18 settembre la *Pasubio* si spiegò lungo le rive dell'Orely, con un fronte che si estendeva dalla confluenza del fiume nel Dnjepr sino alla città di Voinovka, proteggendo così il fianco destro della *17. Armee* tedesca. Dopo la chiusura della sacca di Kiev si stava effettuando un ulteriore tentativo di accerchiamento della 6ª Armata sovietica: l'unità fronteggiava le *Waffen-SS* della *Wiking* a Dnjeperpetrowsk e teneva la parte centrale della linea del Dnjepr. Il 79° Reggimento della *Pasubio* ed il *Kampfgruppe Abraham* della *76. Infanterie-Division* attaccarono il 22 settembre la 273ª Divisione Fucilieri a Zaritschanka, cogliendo i sovietici di sorpresa, e progredendo malgrado l'intervento dell'artiglieria e dell'aviazione avversaria, e passando il Dnjepr il mattino successivo, creando una testa di ponte. Anche anche il 2° Squadrone Carri veloci del *San Giorgio*. I combattimenti si fecero più duri per il contrattacco sovietico che aveva lo scopo di recidere a qualsiasi costo la testa di ponte: i combattimenti durarono tutto il 24, con gli italiani che respinsero tutti gli assalti, ed i tedeschi di Abraham che riuscirono ad ampliare la testa di ponte. Il 28 i fanti dell'81° fanteria della *Torino* dopo due ore di combattimento sfondarono le linee della 261 Divisione fucilieri a Kamenka, occupando la cittadina e inseguendo il nemico. I sovietici si erano trincerati nei kolkoz e sulla collina di Mogila Tolstaia, da cui battevano le linee italiane. Un duro bombardamento dell'artiglieria italiana li costrinse però al ripiegamento, e l'81° arrivò a metà strada da Petrikowka.

Il giorno successivo le difese sovietiche sull'Orelj collassarono, e la *Pasubio*, appoggiata dall'8° Reggimento Artiglieria incalzò il nemico in rotta, rastrellando più prigionieri possibile. Il Colonnello Biasioli, comandante del 79° fanteria, guidò personalmente una colonna motorizzata su Petrikowka, urtando in un pesante fuoco di mitragliatrici e di mortai da 120 mm dei fucilieri della 273ª.

I fanti scesero dai camion, che tornarono a caricare rinforzi, e, con l'appoggio dell'8° Artiglieria, la città venne strappata ai sovietici, il cui alto numero di caduti indica la volontà di combattere. Le perdite italiane furono assai inferiori, e la conquista della città pose fine agli scontri nel settore.

---

12 Fusco 2004.

La chiusura della sacca di Petrikowka concluse le operazioni per la testa di ponte di Dnjepropetrowsk.

La manovra di Petrikowka costituì uno dei maggiori successi – non troppo numerosi, in verità – raggiunti nel corso della guerra dagli italiani.

Inoltre nei comandi italiani diede una notevole soddisfazione l'esser riusciti da soli dove i tedeschi avevano fallito, pur dispiegando mezzi di gran lunga maggiori. Camicie Nere e fanti avevano superato in quest'occasione i risultati ottenuti dai *Panzergrenadiere* delle *Waffen-SS*.

Il Generale Messe scrisse al Capo di Stato Maggiore Generale, Ugo Cavallero il 2 ottobre:

Ho potuto iniziare, svolgere e portare a termine un'importante operazione offensiva e contribuire in modo decisivo alla conclusione vittoriosa di quest'ultima operazione a nord di Dniepropetrowsk, che è stata una delle più aspre e dure. Perché è da tener presente che il gruppo Kleist aveva inutilmente attaccato per più giorni dalla testa di ponte di Dniepropetrowsk subendo forti perdite e conseguendo risultati assai modesti[13].

Cavallero potè scrivere nel proprio diario:

5 ottobre – [...] informo il Duce che in Russia abbiamo fatto 10.000 prigionieri e gli chiedo se non ritenga il caso di portarli in Italia per i lavori nelle miniere. Abbiamo bisogno di 6.000. Il Duce risponde che teme sia un elemento di infestazione[14].

L'azione italiana venne elogiata anche in una lettera indirizzata da Adolf Hitler al Duce in data 28 ottobre 1941:

Il successivo urto del Gruppo corazzato Kleist per la formazione della testa di ponte di Dnjepropetrowsk ha dato anche alle Vostre divisioni, Duce, l'occasione di effettuare per la prima volta una propria e completamente vittoriosa operazione nel quadro di una grande battaglia di annientamento[15].

Con ciò l'*Heeresgruppe Süd* di von Rundstedt si preparava ad assicurarsi il controllo del bacino minerario ed industriale del Donetz.

Kleist aveva due obiettivi: la città di Stalino con il vicino distretto minerario di Gorlowka-Rykowo, e la città di Rostow.

Compito del Corpo di Spedizione era di proteggere il fianco sinistro della *Panzerarmee* di Kleist, un compito che sarebbe durato sino all'estate del 1942.

I sovietici avevano ora adottato la tattica della terra bruciata, lasciando indietro agguerrite retroguardie, e ciò creava non pochi problemi alle forze dell'Asse, insieme al fango autunnale. Dal 9 all'11 ottobre una colonna composta dal LXXIX Battaglione CC.NN. della *Tagliamento* e nota come *colonna Garelli* eliminò insieme alla 198ª Divisione tedesca una tenace testa di ponte sovietica sul fiume Samara, permettendo la conquista di Pawlograd.

L'avanzata venne rallentata dal cattivo tempo, ma nonostante questo, e nonostante il deteriora-

---

13   La lettera di Messe venne riportata dal gen. Cavallero nel proprio diario alla data del 2 ottobre: cfr. U. Cavallero, *Diario 1940-1943* (a cura di G. Bucciante), Roma, 1984, p.239.

14   Cavallero 1984, p.241 (in data 5 ottobre).

15   Hitler a Mussolini, 28 ottobre 1941. Ewald von Kleist espresse la sua soddisfazione a Messe nei termini seguenti:

Sono felice di aver potuto dare al Corpo di Spedizione Italiano l'occasione di condurre un'azione di guerra indipendente. L'esecuzione di questa impresa ha pienamente corrisposto alla mia aspettativa. Per il bel successo esprimo al Corpo di Spedizione Italiano la mia lode e le mie congratulazioni (rip. in Messe 1963, p. 125).

mento degli autoveicoli, sovente sostituiti da cavalli, il 17 i dragoni del *Savoia Cavalleria* ed i *Lancieri di Novara* avevano sfondato le linee sovietiche sul fiume Suche Jeay ad Uspenowka e Ulaklj permettendo l'avanzata verso Stalino.

Occupata Pawlograd, la *198. Infanterie-Division* e la *Wiking* vennero destinate ad altri compiti, ed il fronte tenuto dallo C.S.I.R. si dovette allargare di 150 chilometri, da Pawlograd a Gulay Poje.

Nel frattempo l'avanzata della *1. Panzerarmee* di Kleist – formata dai Corpi d'Armata germanici *III* (Mackensen), *XIV* e *XLIX Gebirgskorps*, dallo C.S.I.R. e dalla 3ª Armata rumena[16], oltre ad unità minori, si sviluppava favorevolmente in direzione del Mar d'Azov.

Si erano realizzate le premesse per puntare verso il bacino minerario ed industriale del Donetz, di grande importanza strategica.

Senza consentire ai propri reparti soste e riposo, infatti, Kleist già l'8 ottobre impartiva alle proprie truppe l'ordine di proseguire l'avanzata nella duplice direttrice di Stalino e di Taganrog sul Mar d'Azov per poi proseguire su Rostov.

Il Corpo di Spedizione Italiano doveva muovere alla conquista di Stalino insieme al *XLIX Gebirgskorps*: si trattava di compiere velocemente, partendo da uno schieramento in linea di 150 chilometri ma con Divisioni scaglionate a diversa profondità, e equipaggiate in modo disorganico, un balzo in avanti di oltre 200 chilometri, per un fronte di 100.

L'avanzata su Stalino iniziò il tredici ottobre, con in testa i Reggimenti di Cavalleria *Savoia* e *Lancieri di Novara* ed il 3° Reggimento Bersaglieri del Colonnello Aminto Caretto, tutti appartenenti alla *Celere*.

La Divisione *Pasubio*, appoggiata dalle Camicie nere della Legione *Tagliamento*, il sedici prendeva Dimitrewka, riuscendo a superare i ponti interrotti dai guastatori sovietici, e lottando sia contro le retroguardie nemiche, che sfruttavano ogni appiglio disponibile per rallentare l'avanzata dell'Asse, sia contro la *rasputitza*, il fango che tramutava la steppa ucraina in un immenso pantano, dovendo spingere a mano gli automezzi bloccati nella melma; il 20 ottobre raggiunsero Podgorodnoje, appena evacuata dai sovietici che l'avevano riempita di trappole esplosive.

Lo stesso giorno i Bersaglieri del 3°, appoggiati dai *Lancieri di Novara*, occuparono verso mezzogiorno sotto una pioggia battente Sofja, alla periferia di Stalino.

Nel tardo pomeriggio i Bersaglieri espugnarono il nodo ferroviario e la stazione di Stalino, mentre i fanti della *97. Infanterie-Division* e i *Gebirgsjäger* della *1. Gebirgs-Division*[17] occuparono il resto della città.

Se Stalino era il centro nevralgico della regione del Donetz, anche Rykowo e Gorlowka abbondavano di installazioni metallurgiche e chimiche che sfruttavano i ricchi giacimenti carboniferi e metallurgici di cui la zona abbonda; ed inoltre, nella vicina Trudowaja sboccava l'oleodotto del Caspio. Impadronirsene costituiva dunque una priorità strategica.

Kleist dispose che lo C.S.I.R. occupasse la regione; stavolta però gli italiani avrebbero operato senza l'appoggio del *XLIX Gebirgskorps* che doveva dirigersi su Rostov.

Dal 22 ottobre lo C.S.I.R. riprese dunque l'avanzata ingaggiando continui scontri con le retroguardie avversarie.

---

16   Formata da un Corpo da montagna (*Vanàtori de munte*) ed uno di cavalleria (*calarasi*). Sull'esercito rumeno, cfr. M. Axworthy, C. Scafes, C. Craciuniou, *Third Axis, Fourth Ally. The Romanian Army of World War II*, London 1995.

17   Sulla storia di questa Divisione sul fronte orientale, cfr. J. Lucas, *Hitler's Mountain Troops*, London 1992 (tr.it. Milano 1997, pp.84-102, 127-133, 171-186).

Intanto la *Pasubio* con il suo 80° Reggimento comandato dal Colonnello Chiaramonti aveva sfondato le linee sovietiche.

All'inizio delle operazioni le divisioni *Celere* e *Pasubio* presero Gorlowka: il 23 ottobre il *Savoia Cavalleria* passò il fiume Krivoj Torez, occupando il villaggio di Panteilemonovka con due squadroni, tra il fiume e la massicciata ferroviaria che proteggeva l'accesso a Gorlowka, ed il giorno successivo le truppe presenti ebbero l'ordine di attaccare e di eliminare le forze sovietiche (elementi della 296ª Divisione fucilieri), malgrado il comando del *Savoia* avesse avvertito delle presenze di truppe sovietiche decisamente superiori – una Divisione – con il supporto di numerose armi pesanti.

I dragoni attaccarono in direzione della massicciata ferroviaria, ma, sebbene all'inizio l'attacco procedesse bene, si trovarono di fronte ad un nemico in forte vantaggio numerico, venendo investiti dal fuoco delle mitragliatrici e dei mortai, e dovettero ripiegare su Panteilemonovka, dove vennero rilevati dal XX/3° Battaglione Bersaglieri, che venne a sua volta attaccato l'indomani.

Per queste azioni il comando divisionale trasmise al comando della *Pasubio* il seguente fonogramma:

DUCE telegrafa a Messe: "Porti il mio elogio ai quattro battaglioni della Divisione Pasubio e al loro Comandante - Alt Mussolini".
Caro Epifani non aggiungo altro
- Generale Giovannelli[18].

Il mattino del primo novembre, tra il fango ed il freddo, sotto una pioggia gelida mista a neve, la Colonna Chiaromonti si diresse verso Gorlowka, e nel pomeriggio raggiunse le difese avanzate della città, che era presidiata dall'intera 296ª Divisione fucilieri..

Gli esploratori individuarono la presenza di numerosi pezzi di artiglieria e di difese campali, attaccando l'avversario, che venne ingaggiato e costretto a ritirarsi entro il perimetro della città.

Il 2 novembre, all'alba, i fanti della *Pasubio* penetrarono in Gorlowka. Si trattava di una città industriale di centocinquantamila abitanti, circondata da scorie minerarie, da pozzi di estrazione, da ciminiere e da fabbricati industriali.

Da ovest avanzarono i fanti del I e del II Battaglione dell'80°, mentre il 79° mosse da sud.

La lotta presto si frazionò in numerosi scontri individuali, casa per casa e strada per strada.

Gli italiani riuscirono ad occupare alcune zone periferiche ma dovettero sostare a causa dell'arrivo della notte, mentre la temperatura scendeva sotto lo zero, passando la notte all'addiaccio.

Il giorno dopo la lotta riprese cruenta, con frequenti scontri alla baionetta. Si combattè casa per casa, contro i fucilieri sovietici che sparavano dalle finestre e contro i partigiani che attaccavano le spalle della colonna[19].

Solo a sera i sovietici della 296ª Divisione abbandonarono la città, che venne rastrellata dagli italiani.

La durezza degli scontri per impadronirsi di Gorlowka dimostrò come i sovietici diventassero sempre più agguerriti e meno disposti a cedere terreno.

Il settore tenuto dalla Divisione *Torino* – che aveva a sua volta conquistata la città di Rykowo – invece rimase più tranquillo.

---

18   Rati 2005, p. 92.
19   Ibid., pp. 92-93.

NIKITOWKA

Dopo la cattura di Gorlowka l'unica città di una qualche importanza ancora in mano sovietica era Nikitowka.

Il Colonnello Chiaramonti, comandante dell'80° Reggimento fanteria *Roma* della *Pasubio*, accertata la presenza in zona di tre Divisioni sovietiche, prese l'iniziativa di occupare Nikitowka allo scopo di ridurre la falla tra lo C.S.I.R. e la 17ª Armata tedesca (von Stülpnagel), che era circa cinquanta chilometri a nord.

Malgrado la crescente opposizione sovietica, e malgrado avesse perso contatto con le truppe italiane, Chiaramonti continuò ad avanzare su Nikitowka, che occupò, ma a sua volta trovandosi isolato ed assediato dalla 74ª Divisione fucilieri[20,] formata dal 189° e 360° Reggimento fanteria e dal 307° artiglieria.

Presto si sviluppò un violento scontro nella parte centrale della città. I fanti dell'80° riuscirono a respingere tutti gli assalti sovietici, ma le munizioni andavano esaurendosi al punto che sarebbe stato impossibile tentare di rientrare nelle linee italiane.

Decise allora di mantenere le posizioni in attesa di soccorsi, impedendo così l'infiltrazione sovietica nella falla tra lo C.S.I.R. e la *17. Armee*.

Chiaramonti e i suoi resistettero sei giorni, perdendo cinquecento uomini; Messe definì *semplicemente meravigliosa* la resistenza dell'80° fanteria.

I combattimenti furono senza soste.

I fanti dell'80° non potevano attingere l'acqua dai pozzi, tenuti sotto tiro dalle mitraglitrici sovietiche, che uccisero anche una donna russa che cercava di portare acqua agli italiani in prima linea; fu sepolta nel cimitero militare italiano.

I primi tentativi di rompere l'assedio risultarono vani anche a causa dell'azione dell'artiglieria sovietica, e per sei giorni Chiaramonti resistette alla pressione della 74ª Divisione.

Tra i sovietici è probabile la presenza di rinnegati comunisti italiani: i reduci dell'assedio ricordarono che di notte i sovietici lanciavano appelli *in perfetto italiano* invitando a passare nelle linee sovietiche disertando e a consegnare il Colonnello Chiaramonti; l'inevitabile risposta era sempre la stessa: *Carogne, venite a prenderlo!*[21].

Per sbloccare Nikitowka e permettere all'80° di rientrare nelle linee italiane tra Gorlowka e Rikowo venne deciso di tentare un'azione con il 79° *Roma*, gemello dell'80°, ed elementi del Reggimento *Lancieri di Novara*, appoggiati da alcuni pezzi dell'8° Reggimento Artiglieria. Tuttavia la reazione sovietica bloccò gli italiani ed un contrattacco li costrinse ad abbandonare l'azione.

Non ebbero migliori risultati altri due tentativi compiuti il 10 e l'11 novembre con due battaglioni (XX e XVIII) del 3° Bersaglieri in supporto[22].

Un nuovo tentativo ebbe luogo il 12.

Punta di lancia dell'operazione doveva essere la 1ª Compagnia del LXXIX Battaglione Cami-

---

20   La Divisione fucilieri del 1941 aveva in organico 19.000 uomini; ogni Reggimento aveva 2.900 fra ufficiali e soldati; nel 1942 la Divisione sovietica diminuì di dimensioni, riducendosi a 9.500 uomini su 3 Reggimenti (2.500 uomini ciascuno) più un Reggimento artiglieria, ma aumentando la potenza di fuoco (A. Mollo, *The Armed Forces of World War II,* London 1981, tr. it. Novara 1982, pp. 36-37 e 168-169).

21   Nell'intero periodo in cui Messe fu a capo prima dello C.S.I.R. e poi del XXXV Corpo d'Armata non si verificò neppure un singolo caso di diserzione.

22   Messe 1963, p. 161. Nell'azione i Bersaglieri ebbero 54 morti e 222 feriti. Nel settore dei Bersaglieri del cimitero di Gorlowka venne apposta una scritta commemorante il tentativo di salvataggio dell'80° a Nikitowka: *Caddero perchè altri vivessero* (Garofalo, Langella, Miele 1997, p. 87).

cie Nere d'Assalto della *Tagliamento* che avrebbe aperto la strada al 79°.

A Nikitowka gli assediati erano rimasti con diciotto cartucce a testa, e si nutrivano di ciò che restava delle carcasse dei muli, dissetandosi con la neve.

Il mitragliere Rosario Randazzo, siciliano come il suo Colonnello, rimasto solo alla sua arma, dopo esser stato ferito due volte, venne colpito da una scheggia di mortaio che gli asportò di netto il braccio destro. Continuò a sparare fino alla morte, premendo coi denti il bottone dell'arma. I contraccolpi della mitragliatrice gli spaccarono tutti i denti; il Colonnello Chiaramonti trovò i denti, bianchissimi, sparsi intorno alla mitragliatrice[23].

Il mattino del 12 novembre, appoggiati anche dalla caccia italiana che utilizzava il campo di aviazione di Stalino, i legionari attaccarono le linee sovietiche.

Gli assalti delle Camicie Nere riuscirono finalmente ad aprire un varco nello sbarramento degli assedianti, anche se la pressione sovietica della 74ª Divisione non diminuì.

Elementi del 79° fanteria raggiunsero quindi Nikitowka alle 14.30 congiungendosi all'80° Reggimento[24].

Gli italiani resistettero sino a notte, quindi sotto una tormenta di neve le truppe di Chiaramonti e le forze che l'avevano soccorso rientrarono nelle linee italiane.

Chiaramonti si pose alla retroguardia, aspettando che prima di lui passassero tutti i suoi uomini tra cui ottantasette in barella; ma giunto a trecento metri dall'abitato si fermò, e tornò indietro, dicendo ai suoi ufficiali:

Non possiamo andarcene senza rendere omaggio ai nostri morti. Nessuno è obbligato a tornare indietro. Posso fare da solo.

Chiaramonti ed i suoi pochi ufficiali rientrarono in paese mentre già le avanguardie sovietiche penetravano all'altra estremità.

Davanti alle sepolture allineate nella piazza di Nikitowka Chiaramonti con la destra all'elmetto, come De Cristoforis a Dogali, ordinò l'*attenti* ed il *presentat-arm* [25].

Quindi si diressero verso la colonna.

Lo sblocco di Nikitowka era costato agli italiani 150 morti, 36 dispersi e 550 feriti; tuttavia Chiaramonti era riuscito ad evitare che il nemico si infiltrasse tra i tedeschi e lo C.S.I.R..

Come scrisse il maresciallo Messe, questo fu

L'ultimo atto della campagna estivo-invernale dello C.S.I.R.

Un'avanzata di 1.400 chilometri, numerosi combattimenti vittoriosi, oltre 12.000 prigionieri, 33 apparecchi abbattuti, ingenti quantità di armi, materiali e munizioni, quadrupedi e carriaggi rappresentano il bilancio positivo dell'attività del Corpo di Spedizione italiano in questo periodo[26].

E se è vero che l'onore militare è l'unico a contare veramente per una nazione agli occhi del mondo, Messe ed i suoi uomini avevano vendicato in quattro mesi le macchie lasciate da Graziani e da Visconti Prasca a Sidi el Barrani e sui monti albanesi.

Ma l'inverno, lungi dal portare allo C.S.I.R. l'agognato periodo di riposo e di riorganizzazione, avrebbe al contrario posto di fronte gli italiani alla prova più difficile affrontata fino a quel momento.

---

23 Randazzo ebbe la Medaglia d'Oro al Valor Militare alla memoria.
24 Ricchi, Striuli 2007, p.25.
25 Sulla difesa di Nikitowka, v. Rati 2005, pp. 98 segg.
26 Messe 1963, p.161.

LA "BATTAGLIA DI NATALE"

A metà novembre lo C.S.I.R. fu incaricato di appoggiare la *1. Panzerarmee* e di riassumere l'offensiva. L'arrivo imminente dell'inverno, le perdite sostenute ed il deterioramento dei materiali spinsero Messe a rifiutare di compiere un'ulteriore avanzata, come richiesto da Kleist, definendola un atto suicida, e sarebbe stato impiegabile solo in azioni di portata limitata; tuttavia dette l'ordine all'82° fanteria della *Torino* di occupare il villaggio di Ubesicce, una delle principali posizioni del saliente sovietico che si incuneava nelle linee italiane. Il villaggio, insieme ai paesi vicini, era tenuto dal 95° Reggimento della NKVD[27].

Il 19 novembre l'81° fanteria attaccò frontalmente la linea Volynzovskoje-Ubesicce, mentre l'82° tentò una manovra aggirante; gli italiani riuscirono a raggiungere le rive ghiacciate del lago Volynzovskoje, ma un pesante fuoco del 95° costrinse gli italiani a ripiegare sulle posizioni di partenza.

A dicembre Messe attaccò nuovamente con sia la *Torino* che la *Pasubio*. Questa volta anzichè attaccare frontalmente la linea Volynzovskoje-Ubesicce, gli italiani, su due colonne, avrebbero puntato sulla cittadina di Chazepetovka. Malgrado la resistenza del 95° Reggimento NKVD avesse rallentato l'82° fanteria, l'81° respinse le truppe della NKVD più ad ovest, sfondando le linee sovietice, ed il 7 dicembre, con una temperatura scesa a –30° C, apppoggiati dalle Batterie ippotrainate, si impadronirono di Chazepetovka dopo un feroce scontro all'arma bianca contro i fucilieri del 360° Reggimento della 74ª Divisione. Poi fu la volta del lago Volynzovskoje, malgrado la strenua resistenza del 95° *NKVD* che avevano ricevuto l'ordine di non cedere un palmo di terreno, e che difesero la collina di Yelonovka sino al 12 dicembre, quando la posizione cadde in mano italiana.

Lo stesso giorno il Colonnello Blasoli, alla testa di una colonna mista della *Torino* e della *Pasubio* avanzò sulla stazione ferroviaria di Bulawin, tenuta dalla 74ª fucilieri.

Gli italiani presero le case tra la collina 144 e la stazione, dirigendosi sul villaggio di Saviolevka, venendo attaccati dai cosacchi siberiani della 38ª Divisione di Cavalleria.

Un altro squadrone caricò all'arma bianca i fanti dell'81° che procedevano lungo la massicciata ferroviaria.

Ai cosacchi si unirono anche i fucilieri della 74ª, appoggiati dal fuoco dell'artiglieria e dei mortai pesanti da 120 mm.

Gli italiani però non persero la propria coesione, formando un quadrato, come nelle guerre risorgimentali, e decimando i cosacchi lanciati alla carica.

I fanti che avanzavano lungo la ferrovia, a loro volta, si asserragliarono lungo la massicciata, respingendo i sovietici, impadronendosi di Saviolevka.

Qui l'81° si collegò a nord con l'*Infanterie-Regiment 117* e a sud con l'82° Reggimento.

Il saliente sovietico era stato eliminato, e, malgrado l'intenso freddo gli italiani si erano dimostrati all'altezza della situazione.

Messe approfittò della relativa tranquillità per riorganizzare le truppe in vista della stasi invernale, quando le informative del S.I.M. avvertirono di un probabile attacco sovietico il giorno di Natale.

I sovietici stavano dimostrando in quei giorni una ripresa offensiva totalmente inaspettata per

---

27 *Narodnyj komissariat vnutrennich*, Commissariato del popolo per gli affari interni; la polizia segreta sovietica.

l'*Oberkommando* della *Wehrmacht* (*OKW*). Già il 29 novembre, lungi dal darsi per vinti, avevano rioccupato Rostow; il 10 dicembre l'Armata Rossa passava all'attacco sul fronte nord, presso Leningrado, costringendo i tedeschi ad arretrare di cinquanta chilometri. L'offensiva si era estesa al settore centrale, dove i tedeschi dovettero ritirarsi di un centinaio di chilometri senza però che i sovietici riuscissero a raggiungere Smolensk, l'obbiettivo prefissato.

Nel settore meridionale la *Stavka*[28] si proponeva di scardinare le armate di von Rundstedt all'altezza di Karkhov per avvolgere poi le armate avversarie schierate fino al Mar Nero ed impegnate nel settore del Mius da un grosso attacco che le avrebbe fissate sul posto.

Il ciclo di operazioni sarebbe infine dovuto culminare con la rioccupazione del Chersonneso (Kersh), in Crimea, dove Sebastopoli continuava a resistere all'assedio rumeno-germanico.

L'offensiva, che iniziò il diciotto gennaio fallì questi obbiettivi, riuscendo solo a creare una grande sacca nel settore di Isjum.

In questo quadro, i sovietici erano divenuti attivissimi dopo la sostituzione di Budjenni con il generale (poi Maresciallo dell'U.R.S.S.) Timoshenko, e venivano lanciando attacchi contro i settori del Gruppo Mackensen (*III. Armee-Korps*), del *XV. Armee-Korps*, del *XLIX. Gebirgskorps* e dello C.S.I.R., alla ricerca della più agevole direttrice di penetrazione, dove effettuare lo sfondamento ed operare in profondità allo scopo di costringere l'Asse ad impegnare le proprie scarse riserve.

Come dimostrato dalla ricognizione aeree, questo settore era stato individuato nel fianco sinistro della Divisione *Celere*, sia perché si trattava di un punto di sutura con il *XLIX. Gebirgskorps* sia perché uno sfondamento in quella direzione avrebbe portato a dilagare sulla strada di Charzik, permettendo di raggiungere per la via più breve Stalino, minacciando alle spalle l'intera *1. Panzerarmee* di von Kleist.

Le ricognizioni sovietiche con cui si erano scontrate le truppe di Messe erano servite ai sovietici per rendersi conto come le truppe di presidio fossero scarse: cinque battaglioni del 3° Reggimento Bersaglieri, quattro gruppi d'artiglieria e due battaglioni della *Tagliamento*.

Anche la volontà politica di infliggere una batosta alle truppe fasciste di Mussolini, soprattutto ai volontari in camicia nera, aveva un'importanza propagandistica notevole per i sovietici. Come ricordò Nikita Krushov nei 1961 a Codacci Pisanelli, *avevamo di fronte le Camicie Nere, che ritenevamo i più malvagi degli italiani*[29].

I *Politruk*[30] avevano dato l'ordine di non far prigionieri i fascisti, e dell'ordine fecero le spese anche altri italiani, come quando i sovietici massacrarono tutti i feriti dell'ospedale da campo del 3° Bersaglieri caduto nelle loro mani.

Inoltre venne deciso di attaccare il giorno di Natale, ritenendo che gli italiani quel giorno fossero maggiormente depressi e afflitti dalla nostalgia di casa, per di più in pieno inverno russo, e dunque meno inclini a battersi.

Di questa insipienza psicologica probabilmente buona parte della responsabilità spetta ai fuoriusciti italiani a Mosca, in primis Togliatti e D'Onofrio, particolarmente attivi nella propaganda disfattista diretta ai nostri soldati al fronte[31].

Date le avvisaglie di una prossima offensiva, Messe trasmise il 23 dicembre al comandante

---

28   *Stavka Verchovnogo Glavnokomandovanija*, Comando Generale delle Forze Armate dell'URSS.
29   G. Codacci Pisanelli, intervista a N. Krushov, *Concretezze*, 22, 16/11/1961.
30   Commissario politico; dal 1942 *Zampolit*.
31   Messe 1963, pp.20 segg., 360 segg.; si possono citare le parole di Togliatti:
Non vi è mai stata alcuna guerra in cui una delle parti abbia commesso in modo consapevole delitti così efferati come quelli che commettono gli eserciti di Hitler e le bande di Mussolini.

della Legione *Tagliamento* Nicchiarelli la notizia del prevedibile attacco sovietico, e le misure per prevenirlo32.

Il 25 dicembre, infatti, approfittando della festività e coperte da tempeste di neve, due Divisioni di fanteria sovietiche (136ª e 296ª) e due di cavalleria (68ª e 35ª) attaccarono il settore di venti chilometri dell'ala sinistra della *Celere* tenuto da soli cinque Battaglioni (due della 63ª Legione CC.NN. *Tagliamento* e tre del 3° Reggimento Bersaglieri). La lotta fu durissima, ma malgrado le forze sovietiche fossero dieci volte più numerose le linee tenute da Bersaglieri e Camicie Nere tennero, permettendo a Messe di passare al contrattacco.

Nella notte di Natale del 1941, all'immediata vigilia dell'offensiva sovietica, la 63ª Legione Camicie Nere d'Assalto *Tagliamento*, schierata a protezione dell'ala sinistra della *Celere* ed in contatto con la Divisione *Torino* risultava così schierata:

- Comando Legione e plotone comando, Comando LXIII Battaglione A.A. *Sassari* e relativo Plotone comando: *Krestowka*;

- LXIII Battaglione CC.NN. (tranne la 2ª Compagnia ed un Plotone mitraglieri), rinforzato da due Plotoni cannoni controcarri da 47/32 ed un Plotone mortai da 81 (tranne un Plotone): *Malo Orlowka*;

- LXXIX Battaglione CC.NN. (meno la 2ª Compagnia e due Plotoni mitraglieri) rinforzato da due Plotoni cannoni contro carri da 47/32: *Mikhailowka*;

- 2ª Compagnia del LXXIX Battaglione CC.NN, rinforzata da due Plotoni mitraglieri dello stesso Battaglione, da due Plotoni mitraglieri, dal Plotone esploratori, da un Plotone cannoni da 47/32 ed un Plotone mortai da 81: *Nowaja Orlowka*.

Alle ore sei del mattino del 25 dicembre una pattuglia della 2ª Compagnia del LXXIX comandata dal capomanipolo Codeluppi uscì dal caposaldo di Nowaja Orlowka diretta su Ploskj.

Sulla zona infuriava una violenta tempesta di neve, che durò tutta la giornata e che impedì alle aviazioni italiana e sovietica di prendere parte alle operazioni.

Usciti dal caposaldo Codeluppi notò forti nuclei avversari, vestiti con tute mimetiche, che, protetti dalla tormenta, erano diretti su Nowaja Orlowka e si affrettò a rientrare dando l'allarme.

Si trattava degli interi battaglioni I e II del 692° Reggimento fucilieri della 296ª Divisione di fanteria, i quali iniziarono l'attacco sia frontalmente che sul lato sinistro del caposaldo, appoggiati da due reggimenti d'artiglieria (530° e 813°), e varie unità di mortaisti.

L'attacco fu durissimo, e alle 7.30 il centurione Mengoli trasmise al comando Legione il suo ultimo radiomessaggio: *Siamo attaccati sul fronte ed a sinistra. Urgono rinforzi*; dopo questo messaggio i collegamenti con Nowaja Orlowka si interruppero.

Ai battaglioni attaccanti si unirono anche i cavalleggeri della 38ª Divisione di cavalleria, appoggiati dall'artiglieria e dal fuoco dei mortai.

Il comandante di compagnia, centurione Mengoli, era caduto, tutti gli ufficiali erano morti o feriti quando il capomanipolo Ezio Barale, l'unico ufficiale rimasto, nel momento culminante

---

32 Secondo il Generale Cesare Amè, capo del Servizio Informazioni Militari, data e ora dell'attacco sovietico erano noti agli italiani: C. Amè, *Guerra segreta in Italia 1940-1943*, Roma 1954, pp.78-79.

dello scontro, ordinò un contrattacco all'arma bianca con un pugno di superstiti. Separato dai suoi, si batté col pugnale finché non venne ucciso da una raffica33

Malgrado i tentativi di ristabilire un contatto radio, Nowaja Orlowka rimase muta, né si riuscì a saper nulla sino a quando pochissimi legionari superstiti raggiunsero il Comando Legione a Krestowka, dove informarono che la resistenza si era protratta sino a mezzogiorno, quando, dopo sei ore di combattimenti, fatti saltare i pezzi, Camicie Nere ed artiglieri erano state sopraffatte dopo una resistenza che lo stesso Messe definì *tenace ed eroica34*.

Alle 6.30 il III Battaglione del 692° Reggimento, appartenente alla 296ª Divisione fucilieri, preceduto da unità di cavalleria e appoggiato da artiglieria (un Reggimento) e mortai, attaccò il caposaldo di Malo Orlowka, tenuto dai friulani del LXIII Battaglione Camicie Nere, ma la reazione dei militi fu durissima, e l'attacco sovietico venne stroncato con forti perdite. Nello stesso tempo veniva attaccato anche il villaggio di Ivanovka, tenuto dal XVIII Battaglione Bersaglieri (3° Reggimento) e dalla 5ª batteria a cavallo; i Bersaglieri vennero attaccati da almeno due reggimenti di fanteria (il 733°, il 361° reduce da Malo Orlowka) da reparti sciatori e da due squadroni di cavalleria cosacca della 68ª Divisione.

Una colonna della 136ª, aggirata Ivanovka, si diresse su Mikhailowka, tenuta dalle Camicie Nere del LXXIX Battaglione.

Lo scontro si fece feroce, tanto che le Camicie Nere si difesero anche con i pugnali – il Maresciallo Messe scrisse che la *lotta è durissima, con frequenti scontri all'arma bianca*35 – ed il comandante della *Tagliamento*, il Console Nicchiarelli, dispose l'invio in rinforzo della 2ª Compagnia del LXIII Battaglione (Centurione De Apollonia) che si trovava a Malo Orlowka, a dieci chilometri di distanza.

De Apollonia ed i suoi uomini vennero attaccati però da un Battaglione del 692° fucilieri forte di almeno seicento uomini, e dovette ripiegare su Krestowka.

Malgrado il mancato arrivo dei rinforzi, la Camicie Nere di Mikhailowka sostennero una serie ininterrotta di attacchi per tutto il pomeriggio.

Ad Ivanovka i Bersaglieri avevano resistito sino alle 16 del pomeriggio, poi, dopo aver avuto circa il 50% di perdite ripiegarono su Mikhailowka, che riuscirono a raggiungere verso le 19, unendosi al LXXIX Battaglione CC.NN., che come detto combatteva dalla mattina.

Intanto i sovietici si misero a massacrare i feriti dell'ospedale da campo del XVIII in cui erano ricoverati Bersaglieri e Legionari reduci da Nowaja Orlowka; il primo a venire ucciso fu il Sottotenente Angelo Vidoletti che tentava di difendere i feriti (ebbe la Medaglia d'Oro al Valor Militare alla memoria), poi gli altri vennero massacrati uno ad uno con un colpo alla nuca.

Fu un Bersagliere ferito, riuscito a fuggire e nascosto da una donna ucraina, a raccontare lo svolgimento dei fatti quando, quarantott'ore dopo Ivanovka venne ripresa dagli italiani. Nel giudicare il trattamento a volte inflitto dai tedeschi e da altre truppe dell'Asse ai prigionieri sovietici andrebbero valutati episodi come questo.

Malgrado l'URSS non fosse firmataria della convenzione di Ginevra, il governo tedesco la rispettò sino all'agosto 1941, ma, in seguito alle continue violazioni ed all'uccisione indiscriminata dei prigionieri tedeschi, il 21 agosto 1941 il governo del *Reich* comunicò che di fronte alle constatate atrocità sovietiche non si sarebbe considerato ulteriormente vincolato alle norme della Convenzione. In tale occasione venne reso pubblico un dossier sulle atrocità

---

33   Sulla morte del capomanipolo Barale si leggano le belle parole dedicategli dal Maresciallo Messe: Messe 1963, p. 189.
34   Ibid.
35   Ibid. p.190.

commesse dai sovietici nei riguardi dei prigionieri germanici. Il Regno d'Italia continuò ad applicare la Convenzione di Ginevra sino al 12 marzo del 1942 (ben dopo i massacri della "Battaglia di Natale", dunque) quando si dichiarò sciolto dai vincoli conseguenti a causa della mancanza di reciprocità da parte sovietica 36.

Alle 15.45 anche Krestowka ed il comando della *Tagliamento* vennero attaccati dalla 296ª Divisione e dalla cavalleria della 38ª Divisione; a parte il plotone comando l'unica forza disponibile per la difesa era la compagnia del Centurione De Apollonia che vi si era rifugiata dopo esser stata attaccata nella mattina.

Data la pressione crescente, il comandante della Legione decise di ripiegare su Malo Orlowka, che continuava a resistere37.

Venne formata così una colonna volante formata dal comando della *Tagliamento*, dal plotone comando del LXIII Battaglione armi d'accompagnamento, protetti dalla 2ª compagnia del LXIII Battaglione CC.NN.; alla colonna si unì anche il II Gruppo del Reggimento Artiglieria a cavallo (le risorgimentali *Voloire*) su due Batterie e una Sezione cannoni.

La colonna si aprì la strada verso Malo Orlowka, coperta dagli uomini di D'Apollonia e dall'artiglieria a cavallo in retroguardia.

La situazione si fece subito pesante, poiché i sovietici premevano sulla 2ª Compagnia, appoggiata dal tiro ad alzo zero di una delle Batterie delle *Voloire*, che insieme al fuoco intensissimo delle Camicie Nere costrinsero il nemico a ripiegare, tanto che gli artiglieri, una volta esaurite le munizioni, poterono attaccare i pezzi alle pariglie riprendendo il movimento verso Malo Orlowka che venne raggiunta alle 17.30.

Nel frattempo i sovietici, con la cavalleria cosacca della 68ª Divisione e con il 541° Reggimento di fanteria della 136ª poi, dilagavano da Orlowka Ivanovka verso sud, dove impattarono contro il caposaldo di Stoschkowo, dove vennero fermati e respinti dal XX Battaglione Bersaglieri (3° Reggimento) di riserva, che resistette sino all'arrivo del terzo Battaglione dell'*Infanterie-Regiment 318* tedesco, appartenente alla *213. Sicherungs-Division*38.

Il comandante della *Celere* Marazzani aveva chiesto già alle 10.30 al *XLIX Gebirgskorps* (alle cui dipendenze era stata posta temporaneamente la *Celere*) l'impiego della riserva, ma il comando germanico s'era riservato di decidere. L'ordine di intervenire venne dato all'*Infanterie-Regiment 318* solo alle 13.30, troppo tardi per un impiego utile prima del calare delle tenebre, che infatti impedì il proseguimento favorevole dell'azione39.

I cosacchi si riuscirono ad infiltrare a sud fino a Katik, dove si trovava il comando della Celere. Una carica di cosacchi della 68ª Divisione conto il Quartier Generale della *Celere* a venne respinto dal tiro dei cannoni controcarro, che fecero a pezzi la cavalleria che avevano attaccato in campo aperto, ed i cosacchi superstiti ripiegarono verso le posizioni di partenza.

Nel sottosettore di destra altri reparti della 136ª e della 68ª attaccarono i villaggi di Petropawlowska, tenuto dalla 1ª e 3ª Compagnia motociclisti (appiedati) e di Rassypnaia, difeso dal XXV Battaglione Bersaglieri, anch'esso del 3°. I difensori di Petropawlowska vennero costretti a ripiegare verso Rassypnaia, dove si unirono ai Bersaglieri che riuscirono a contenere il nemico.

---

36 Messe 1963, p. 340. Va detto, a proposito di violazione delle leggi internazionali, che nella nota del ministro degli Esteri Molotov dell'autunno 1942 inoltrata alle potenze neutrali per denunciare i crimini di guerra commessi dalle forze dell'Asse non viene fatta nessuna menzione degli italiani.
37 Nell'ordine di operazioni sovietico, Malo Orlowka veniva definita la *prima tappa decisiva* dell'offen-siva (Messe 1963, p. 190)
38 Divisione di sicurezza, normalmente usata per compiti di presidio. Il XX Btg. Bersaglieri e l'*Inf.-Rgt.* 318 costituivano le uniche riserve di cui disponesse il comando dello C.S.I.R.: Messe 1963, p.189.
39 Messe 1963, p.192.

La 74ª Divisione sovietica non potè concorrere all'offensiva contro la Celere perché ingaggiata dalla Divisione *Torino*.

Nella notte, il comando del C.S.I.R. e quello del *XLIX Gebirgskorps* decisero di passare alla controffensiva il giorno seguente, rioccupando Ivanovka e Nowo Orlowka, giungendo sino alla collina indicata sulle carte topografiche come quota 331.7, antistante le posizioni perdute nella giornata del 25.

Oltre agli italiani sarebbe stata impiegata anche la riserva mobile del *XLIX Gebirgs-Korps*, composta dall'*Infanterie-Regiment 318*, da pochi carri del *Panzerregiment 10* (per lo più *Pz.Kf.Wg. III*, oltre a pochi *Pz.Kf.Wg. IV*)40 e dal *Fallschirmjäger-Regiment 2* (il cui uso però non era stato ancora autorizzato).

Ciò che più contava, come scrisse poi il Maresciallo Messe, era che

Alla fine del primo giorno di battaglia l'attacco nemico è stato nettamente arginato e si è già iniziata in modo abbastanza soddisfacente la nostra reazione per ristabilire la situazione41

Le forze sovietiche che attaccarono la *Tagliamento* il 25 dicembre furono:

- Nowaja Orlowka: I e II Battaglione del 962° Reggimento Fucilieri, 296ª Divisione fanteria; aliquote della 38ª Divisione di cavalleria; Battaglione mortai da 120 mm del 733° Reggimento; aliquote dell'87° Reggimento mortai; 530° e 813° Reggimento Artiglieria;

- Malo Orlowka: III Battaglione del 962° Reggimento Fucilieri, 296ª Divisione; aliquote della 38ª Divisione di cavalleria; aliquote del 530° Regg. Artiglieria, della 12ª Compagnia anticarro e dell'87° Regg. Mortai;

- Mikhailowka: III Battaglione del 966° Fanteria, 296ª Divisione; 387° Reggimento Fanteria, rafforzato dal II Battaglione del 733° Fanteria, 136ª Divisione fanteria; cavalleria; 813° Reggimento Artiglieria; aliquote della 12ª compagnia anticarro e dell'87° Reggimento Fanteria;

- Krestowka: i reparti già impiegati a Nowaja Orlowka, ad eccezione di un Battaglione di fanteria.

- Le perdite della 63ª Legione *Tagliamento* nella giornata del venticinque furono di 222 uomini (13 ufficiali), di cui 48 caduti (2 ufficiali), 61 feriti, 13 congelati, 88 dispersi.

È notevole come nonostante la durezza degli scontri la Camicie Nere ebbero un numero limitato di perdite rispetto a quelle assai maggiori inflitte al nemico, anche tenuto conto che si verificarono frequenti scontri all'arma bianca: ciò è un indice dell'addestramento e della capacità dei Legionari.

La maggior parte delle perdite si ebbero a Nowaja Orlowka, tra cui ottantotto dispersi, da

---

40   Il I Battaglione del *Pz.Rgt. 10* era stato creato il dodici ottobre 1937 come unità indipendente delle *Heerestruppen*; il 20 ottobre del 1939 venne istituito anche il *II/Pz.Rgt. 10* ed il Reggimento venne assegnato all'*8. Panzer-Division*. Nel gennaio 1941 il *Panzer-Abteilung 67* divenne il terzo Battaglione. Il *Pz.Rgt. 10* venne riassegnato alla *16. Panzer-Division* nel maggio del 1942. Nel luglio del 1943 il *Pz.Rgt. 10* prese parte all'operazione *Zitadelle*, l'offensiva su Kursk, dopo che lo *Stab* del Reggimento aveva dato vita alla *Panzer-Brigade 10*.
41   Messe 1963, p.192.

considerare come uccisi dai sovietici dopo la cattura e nell'ospedale dell'ospedale del XVIII Battaglione Bersaglieri ad Ivanovka. Da notare come a Nowaja Orlowka siano caduti tutti gli ufficiali, tranne uno rimasto ferito.

Il mattino del 26 dicembre riprese il contrattacco italo-tedesco; tuttavia i sovietici non avevano per nulla abbandonata la speranza di sfondare, e reiterarono gli attacchi nel settore della *Tagliamento*.

Appoggiati da quasi tutti i *Panzer* del *Panzer-Regiment 10*, i Bersaglieri del XVIII Battaglione e due Battaglioni dell'*Infanterie-Regiment 318* rioccuparono Orlowko Ivanovka, escluso il lato settentrionale del villaggio.

Gli artiglieri della 5ª Batteria a cavallo che il giorno prima avevano dovuto abbandonare i propri pezzi dopo averne asportato gli otturatori li ripresero ed aprirono con essi il fuoco contro i fucilieri sovietici che resistevano nella parte nord del paese.

Nel frattempo i *Panzer* arrivarono alla collina 331 e riuscirono a strapparla al 964° Reggimento fucilieri, tenendola per qualche tempo, ma alla fine furono respinti dalla crescente pressione avversaria.

Quanto alla *Tagliamento* il LXIII Battaglione CC.NN. uscì dal caposaldo di Malo Orlowka per tentare di riconquistare le posizioni di Nowaja Orlowka perdute nella giornata precedente. Mentre le Camicie Nere avanzavano sotto la tormenta, vennero improvvisamente attaccate da truppe del 962° fanteria e da cavalleria (cosacchi della 68ª Divisione di cavalleria) provenienti da Krestowka, che stavano muovendo all'attacco di Malo Orlowka.

Il LXIII° ripiegò in fretta sulle posizioni di partenza, da dove riuscì a respingere i sovietici infliggendo al 962° forti perdite.

Anche il LXXIX Battaglione CC.NN. e i Bersaglieri del XVIII rimasti a presidio del caposaldo di Mikhailowka vennero investiti da almeno due battaglioni sovietici (II/733°, III/966° e forse anche truppe del 387° fucilieri) appoggiati dal tiro dei mortai e dall'artiglieria.

Le Camicie Nere resistettero agli assalti, fino a quando l'arrivo di alcuni *Pz.Kf.Wg. III E* del *Panzer-Regiment 10* che rientravano da Ivanovka costrinse i fucilieri sovietici a sganciarsi.

I russi continuarono ad attaccare ripetutamente anche nel settore di Rassypnaia, venendo respinti dai Bersaglieri del XXV/3°.

Verso mezzogiorno i Bersaglieri del XX Battaglione ed i *Landser* del II *Battaillon* dell'*Infanterie-Regiment 318* investirono e conquistarono Petropawlowska cacciandone gli uomini del 541° Reggimento.

Nel pomeriggio però i sovietici scatenarono un violento contrattacco, respingendo prima i tedeschi e quindi gli italiani fuori dall'abitato.

Il giorno 26 si chiuse così senza particolari successi da parte italo-tedesca.

La mattina del 27 il tempo era decisamente migliorato.

Ciò permise sia all'aeronautica sovietica che al 22° Gruppo Caccia autonomo di fare la propria comparsa sui cieli del campo di battaglia.

I caccia *Macchi MC200* ebbero buon gioco contro gli *I-16b*, aerei decisamente più vecchi e che i piloti italiani, in molti casi veterani del conflitto spagnolo, conoscevano bene[42]. In tre giorni il 22° potè rivendicare quattordici vittorie[43].

E fu una fortuna, perché l'aviazione sovietica fu attivissima nell'attaccare con bombe e spez-

---

42 G. Massimello, G. Apostolo, *Italian Aces of World War II*, Oxford 2000, pp. 80-81

43 Messe 1963, p. 194. Per Giulio Bedeschi gli apparecchi sovietici abbattuti furono quindici: G. Bedeschi, *Gli italiani nella Campagna di Russia del 1941 al 1943*, in C. de Laugier, G. Bedeschi, *Gli italiani in Russia. 1812. 1941-1943*, Milano 1980, p. 205

zoni gli italiani impegnati nella controffensiva.

Quel giorno venne deciso che la Legione *Tagliamento* avrebbe ripetuto l'attacco fallito il giorno precedente; per rafforzare le Camicie Nere vennero assegnati al LIII Battaglione CC.NN. del Primo Seniore Zuliani i mortai della Compagnia A.A. dell'81° fanteria *Torino*.

Un Battaglione del medesimo Reggimento avrebbe affiancato proteggendolo il fianco sinistro del Battaglione CC.NN.

L'azione ebbe inizio nella prima mattina, e i militi, coadiuvati dai fanti e da elementi dell'altro Battaglione della Legione, il LXXIX CC.NN., che mossero da Mikhailowka, rioccuparono verso mezzogiorno le posizioni di Nowaja Orlowka.

Alle quindici, dopo un'intensa azione di mitragliamento e spezzonamento compiuta dal 22° Gruppo, le Camicie Nere insieme ai fanti tedeschi del 318. poterono riconquistare Ivanovka, dove scoprirono il massacro dei prigionieri e dei feriti compiuto dai fucilieri della 296ª il 2544.

Intanto già all'alba i *Fallschirmjäger* del 2° Reggimento erano avanzati a nord verso la collina 318,7, persa dai *Landser* la sera precedente; la posizione venne riconquistata intorno alle 15 dai due Battaglioni (I. e II.) dell'*Infanterie-Regiment 318* reduci dalla riconquista di Ivanovka e dai Bersaglieri del XX/3°. Gli scontri furono molto duri, ed il massacro appena scoperto accese la rabbia delle truppe dell'Asse che ricacciarono il nemico oltre la collina, su cui il 318° Reggimento tedesco si stabilì di presidio.

La spinta offensiva delle truppe di Timoshenko era ormai esaurita. Ciò non voleva però dire che i sovietici avessero rinunciato a combattere.

Infatti nella notte due battaglioni del 964° della 296ª fucilieri appoggiati da elementi del 733°/136ª attaccarono strappando quota 331 costringendo i tedeschi a ripiegare entro la *Linea Z*.

La mattina del 28 il Console Nicchiarelli, comandante della *Tagliamento*, assunse il comando della riserva della 3ª Divisione *Celere Amedeo duca d'Aosta*, formato da quelli che erano ritenuti tra i reparti più affidabili e combattivi della Divisione, il LXXIX Battaglione CC.NN. ed il XVIII Battaglione Bersaglieri.

La situazione venutasi a creare con la perdita della quota 331 fece sì che il comando del *XLIX Gebirgskorps*, da cui la *Celere* dipendeva operativamente, ne ordinasse la riconquista. Alle nove e mezza della mattina il LXIII Battaglione Camicie Nere mosse alla conquista della quota, tenuta dal 964° Reggimento della 296ª e da elementi del 733° appartenente alla 136ª Divisione fucilieri.

I legionari di Zuliani erano appoggiati da due *Panzerkampfwagen III H* del *Panzer-Regiment 10*, da due plotoni mortai da 81 e da due plotoni di cannoni da 47/32 del LXIII Battaglione A.A. *Sassari* della *Tagliamento*, e dal Plotone mortaisti dell'81°.

Dopo il bombardamento preliminare fatto dalle compagnie mortai, le Camicie Nere attaccarono prima con un fitto lancio di bombe a mano e poi all'arma bianca, e malgrado l'inferiorità numerica a mezzogiorno la collina 311 era saldamente in mano italiana, mentre i fucilieri russi ripiegavano velocemente su Woroshilowa.

Sfruttando il momento favorevole, Zuliani ordinò il proseguimento dell'azione incalzando il nemico ed alle sedici anche l'abitato di Woroshilowa venne conquistato dalle Camicie Nere udinesi.

---

44 Contrariamente a quanto spesso affermato, i Bersaglieri del XVIII/3° non presero parte alla riconquista di Ivanovka, rientrandovi solo il 29, dopo aver dato il cambio al LXXIX btg CC.NN.: Lucas, De Vecchi 1976, p.492.

A quel punto i sovietici lanciarono il 733° ed il 964° contro Woroshilowa, senza però riuscire a sloggiarne i militi, nelle cui mani il villaggio rimase saldamente.

Nel frattempo, a dimostrazione di come l'ardore combattivo dei sovietici non fosse affatto scemato, l'81° Reggimento *Torino* dopo durissimi scontri era stato costretto a ritirarsi dall'area di Kurgan Plosky, dopo averne occupati molti caposaldi, né meglio era andata ai paracadutisti dei *Fallschirmjäger-Regiment* 2. Che si erano impadroniti della stazione ferroviaria di Nikitino tentando di conquistare anche il villaggio, da cui vennero respinti dai fucilieri della 136ª Fucilieri e dalle cariche dei cosacchi della 68ª Cavalleria.

Meglio era andata all'*Infanterie-Regiment 318* che aveva conquistato il villaggio di Greko Timofeyevsky, riuscendo poi a tenerlo malgrado i contrattacchi sovietici.

Il 29 dicembre i sovietici continuarono ad attaccare per riprendere Woroshilowa alle Camicie Nere del LXIII; la lotta era aspra ma i legionari friulani tennero sino all'arrivo dei camerati del LXXIX CC.NN. proveniente da Ivanovka, dove erano stati sostituiti dai Bersaglieri del XVIII/3°.

A sera anche il comando Legione si stabilì a Woroshilowa.

Anche il mattino del 30, prima dell'alba, la 296ª fece un ulteriore tentativo di riprendere Woroshilowa, ma la *Tagliamento* respinse prontamente tutti gli attacchi; i fanti sovietici si impadronirono però della quota 331, tenuta da due plotoni dell'*Infanterie-Regiment 318*, ciò che lasciò isolata a Woroshilowa la *Tagliamento*.

Data la temperatura, che scese sino a −35° C, anche le radio non riuscivano a funzionare.

Il Console Nicchiarelli decise di tentare l'apertura di un varco con due plotoni arditi, ma il violentissimo concentramento di fuoco impedì ai plotoni di uscire dal paese.

Dopo che nelle prime ore del 31 dicembre i fucilieri sovietici avevano ripetuto invano la conquista di Woroshilowa, respinti dalle Camicie Nere, il comando Legione decise di ritentare l'operazione fallita la sera precedente.

Alle sette del mattino uscì un plotone arditi comandata dal capomanipolo Menegozzo, che raggiunse la quota 331 impadronendosene con un colpo di mano che colse i sovietici totalmente di sorpresa.

Menegozzo riuscì poi a raggiungere il villaggio di Ivanovskiy, mettendosi a rapporto con il vicecomandante della *Celere* ed esponendo la situazione in cui si trovavano le Camicie Nere. Venne allora decisa un'azione che precedeva lo sblocco di Woroshilowa e l'occupazione in forze di quota 331.

Tale azione sarebbe stata compiuta dal Battaglione di riserva della Divisione, il XVIII Battaglione Bersaglieri, appoggiati dai pochi carri *Pz.Kf.Wg. III H* del *Panzer-Regiment 10*.

Quando però Bersaglieri e carristi arrivarono a quota 331 ebbero la sorpresa di trovarla non in mano sovietica ma presidiata dalle Camicie Nere della *Tagliamento* che avevano provveduto ad occuparla dopo il colpo di mano del plotone di Menegozzo, alleggerendo così la situazione di Woroshilowa.

La battaglia di Natale era finita. L'offensiva di Timoshenko era stata stroncata sin dall'inizio grazie alla determinazione delle Camicie Nere della Legione *Tagliamento* e dai Bersaglieri del XVIII che non avevano ceduto in situazioni climatiche difficilissime (- 43° C, sotto tormente di neve) contro un nemico molto

Nel frattempo la *Pasubio* e la *Torino* condussero anch'esse contrattacchi per ridurre la pressione sulla *Celere*, bloccando la 74ª Divisione sovietica. Anche la *198. Infanterie-Division* dovette respingere numerosi assalti. Il 31 dicembre la battaglia era terminata con una vittoria italiana. Nell'occasione i sovietici si macchiarono di numerosi crimini, tra cui il citato massacro dei feriti dell'ospedale del XVIII Bersaglieri ad Ivanovka.

Lo C.S.I.R. si attestò a difesa della *Linea Z*, restandovi tutto l'inverno. Dopo i combattimenti di Woroshilowa che nella seconda decade di gennaio impegnarono la *Celere* per eliminare alcuni punti deboli del fronte e costarono circa 250 perdite, si ebbe solo qualche scontro con i sovietici di scarsa importanza; il più notevole avvenne a febbraio nel settore della Divisione *Torino*. A febbraio arrivò anche in linea il Battaglione sciatori *Monte Cervino*[45], da poco ricostituito, che venne impiegato in primavera insieme a Bersaglieri e Guastatori nelle operazioni del *III Panzer-Korps* per la riduzione del saliente di Isjum[46].

Ad aprile entrò in linea la Legione Croata, costituita da circa 1.200 volontari croati con divisa della Milizia[47].

---

45   Il Battaglione, su tre Compagnie e due Plotoni mitraglieri, oltre che su un organico altamente addestrato, poteva contare su di un equipaggiamento eccellente: tute e buffetterie mimetiche da neve, scarponi con suola *Vibram*, e una ampia dotazione di moschetti automatici. Su 600 effettivi, alla fine del ciclo di operazioni in Russia, si contarono solo 70 superstiti.

46   L'Armata Rossa scatenò una nuova offensiva nella terza decade di gennaio e riuscì a penetrare nello schieramento germanico ad ovest di Isjum, creando una sacca larga un'ottantina di chilometri e profonda ottanta. I tedeschi in primavera tornarono all'offensiva, eliminando la sacca di Isjum, riconquistando la Crimea e la munita piazzaforte di Sebastopoli.

47   Sulla Legione Croata, Romeo di Colloredo 2008, pp. 127 segg.

La nascita dell'ARM.I.R.

Nel frattempo, data la deteriorata situazione in U.R.S.S. (i tedeschi erano stati respinti da Mosca e da Leningrado, e Timoshenko aveva creato ad Isjum una vasta testa di ponte) Hitler chiese a Mussolini l'invio di altre truppe, soprattutto alpine, da impiegare sul Caucaso, a ciò spinto anche dai brillanti risultati dello C.S.I.R..

La prima richiesta risaliva al 1° gennaio 1942, quando Hitler inviò al Duce un messaggio in cui elogiava la combattività degi italiani agiungendo che era auspicabile un nuovo invio di truppe, se pssibile già nel corso dell'inverno[48], ciò che però non venne reputato possibile dallo Stato Maggiore italiano.

Alle obiezioni sull'opportunità di inviare altre truppe in Russia piuttosto che in Africa Settentrionale, avanzate dal del capo di Stato Maggiore generale Cavallero (che finì col cedere) e da Messe, Mussolini fece presente che Hitler non avrebbe avuto considerazione, a fine guerra, per chi non avesse partecipato alla campagna sul fronte russo; e aggiunse:

Non possiamo essere da meno della Slovacchia. Io devo essere al fianco del Führer in Russia come il Führer fu al mio fianco nella guerra contro la Grecia e come lo è tuttora in Africa... Al tavolo della pace i duecentomila dell'ARM.I.R. conteranno più dei sessantamila dello C.S.I.R.[49]

Ragionamento probabilmente errato sul piano strategico, dato che in Libia ed Egitto le truppe destinate avrebbero *forse* potuto fare la differenza, almeno nell'imme-diato – e però si deve ricordare come per Rommel non servissero altre divisioni di fanteria, che erano anche troppo numerose nello scacchiere libico, ma inchiodate al loro posto dalla mancanza di mezzi di trasporto, ciò che ne segnò in gran parte il destino ad Alamein, ma piuttosto necessitava unità corazzate e mobili; difficilmente in ogni caso gli Alpini sarebbero stati inviati nel deserto, nè era il caso di impiegarli nei Balcani o in compiti di occupazione. E non è da credere che alcune Divisioni di fanteria in più – la Divisione binaria era in realtà una Brigata di fanteria dotata di un Reggimento artiglieria e di mezzi e supporti tattici – sarebbero bastate a fermare gli statunitensi, che sarebbero sbarcati a Tangeri ed Orano nel novembre; tutt'al più avrebbero probabilmente ritardato la resa di qualche mese, proteggendo la Sicilia dall'invasione al massimo fino all'inverno.

Dal punto di vista politico, e secondo la massima popolarmente attribuita a Clausewitz la guerra è la continuazione della politica con altri mezzi, invece il Duce non aveva certo torto. Nel momento in cui Hitler puntava sul Volga e ai campi di petrolio del Caucaso, sarebbe stata pura follia non considerare l'ipotesi, ritenuta quasi certezza, di una prossima vittoria tedesca, e negare l'invio di truppe, peraltro non utilizzabili su altri scacchieri, richieste dall'alleato, truppe che avrebbero potuto migliorare le sorti dell'Italia al momento della pace, anche data la non certo brillante prestazione delle armi italiane nella *guerra parallela*.

Il Duce dispose l'invio, oltre agli Alpini del Corpo d'Armata Alpino, di un altro Corpo d'Armata, il XIX, che con lo C.S.I.R. (ora XXXV Corpo) avrebbe formata l'8ª Armata, o Armata Italiana in Russia. Il comando venne affidato al generale Italo Gariboldi, per un totale di due divisioni autotrasportabili (9ª *Pasubio* e 52ª *Torino*), 4 divisioni di fanteria (156ª *Vicenza*, 2ª *Sforzesca*, 3ª *Ravenna* e 5ª *Cosseria*), 3 divisioni alpine (2ª *Tridentina*, 3ª *Julia* e 4ª *Cuneense*),

---

48   Faldella 1959, p.466.
49   G. Messe, *La guerra al fronte russo. Il Corpo di Spedizione Italiano in Russia*, V ed. Milano 1963, pp. 232 e seguenti.

L'ARMATA ITALIANA IN RUSSIA (ARM.I.R.) 1942-1943

una Divisione *Celere* (3ª *Amedeo duca d'Aosta*), due Raggruppamenti CC.NN. *M*, equivalenti a due piccole Divisioni (*23 Marzo, 3 Gennaio*) un Raggruppamento a cavallo, anch'esso da considerare una Divisione binaria, ovvero una Brigata (3° *Savoia cavalleria*, 11° *Lancieri di Novara*, Reggimento Artiglieria a Cavallo) oltre a truppe d'Armata e servizi, per un totale di 229.005 uomini su 164 Battaglioni, con 16.700 automezzi, 4.470 motociclette, 31 carri armati *L6* e 19 semoventi da 47/32 e 64 aerei[50].

Per il comando dell'ARM.I.R., ricorda l'addetto militare germanico a Roma Enno von Rintelen, si era pensato da parte italiana ad Umberto di Savoia; Cavallero chiese a Rintelen di sondare il parere dell'*OKW*, ma Hitler si oppose recisamente, come scrisse Keitel al Rintelen. La cosa venne quindi lasciata cadere, e, per il comando, venne scelto Gariboldi, che aveva già collaborato con i tedeschi in Libia nel 1941[51].

---

[50] 71° Gruppo: 16 *Ca 311* e 7 *Br 20*; 21° Gruppo Autonomo Caccia Tattica (sostituì il 22°): 30 *Mc 200* e 11 *Mc 202*.

[51] Rintelen 1947, p. 141. Hitler affermò che piuttosto di accettare la nomina di Umberto, che detestava, avrebbe rinunciato all'intera Armata italiana.

Composizione dell'8^ Armata italiana

COMANDO

COMANDANTE: GEN. DES. A. ITALO GARIBOLDI.
CAPO DI S.M.: GEN. D. BRUNO MALAGUTI.
COMANDANTE DELL'ARTIGLIERIA: GEN. D. MARIO BALOTTA.
COMANDANTE DEL GENIO: GEN. D. ARNALDO FORGICRO.
COMANDANTE DELLE TRUPPE CHIMICHE: TEN. COL. CESIRO MISCHI.
COMANDANTE DELL'AERONAUTICA: GEN. B.A. ENRICO PEZZI.

II CORPO D'ARMATA

COMANDO

COMANDANTE: GEN. C.A. GIOVANNI ZANGHIERI.
CAPO DI SM: COL. UGO ALMICI.
C.TE DELL'ARTIGLIERIA: GEN. B. MARIO MARTORELLI, SUCCESSIVAMENTE GEN. B. ITALO GIGLIO.
C.TE DEL GENIO: GEN. B. BALLILA RIMA.

QUARTIER GENERALE

SEZIONI MISTE CARABINIERI 18^a E 204^a.
SEZIONE A CAVALLO CARABINIERI 362^a.
9^a SEZIONE TOPOCARTOGRAFICA.
2^a SQUADRA FOTOGRAFICA.
9^a SQUADRA TELEFOTOGRAFICA.
20° UFFICIO POSTA MILITARE.
21° AUTOTRENO COMANDO.
2° DRAPPELLO AUTOMOBILISTICO PER COMANDO DI C.A.

UNITÀ DIRETTAMENTE DIPENDENTI

FANTERIA
II Battaglione Mitraglieri di C.A.
CII Battaglione Mitraglieri autocarrato.
XXXII Battaglione controcarro da 47/32 *Granatieri di Sardegna*.
II Battaglione Guastatori di Fanteria.

CAVALLERIA
BANDA IRREGOLARE COSACCA (CAP. G. STAVRO DI SANTAROSA)

ARTIGLIERIA
2° RAGGRUPPAMENTO ARTIGLIERIA DI C.A. (C.TE COL. ENRICO GRIMALDI SUCCESSIVAMENTE TEN. COL. I.G.S. LIBERATO MASCAGNA), CON I GRUPPI:
 III E XXIII CANNONI DA 105/28;
 CII, CXXIII, CXXIV GRUPPO OBICI DA 149/13.
2° REPARTO SPECIALISTI DI ARTIGLIERIA.
52^a E 54^a BATTERIA CONTRAEREI DA 20 MM.
GENIO
XV BATTAGLIONE ARTIERI, CON: 1^a, 2^a, 104^a COMPAGNIA ARTIERI.
82^a E 84^a COMPAGNIA TELEGRAFISTI.
101^a COMPAGNIA MARCONISTI.
6^a COLOMBAIA MOBILE.
2^a OFFICINA AUTOCARRCGGIATA PER MATERIALI DI COLLEGAMENTO.

Chimici
2ª Compagnia chimica «A».
4ª e 5ª Compagnia lanciafiamme.

M.V.S.N.
Raggruppamento btg CC.NN. M d'Assalto 23 *Marzo* (C.te Lgt. Gen. Enrico Francisci successivamente Luogotenente Gen. Luigi Martinesi), con:
Gruppo btg CC.NN. M d'Assalto *Valle Scrivia* (C.te Console Mario Bertoni) con: V e XXXIV Btg. CC.NN.; XLI Btg. CC.NN. armi accompagnamento;
Gruppo btg CC.NN. M d'Assalto. *Leonessa* (C.te Console Graziano Sardu) con: XIV e XV Btg. CC.NN.; XXXVIII Btg. CC.NN. armi accompagnamento.

Servizi
di Sanità:
82ª Sezione di Sanità.
27ª e 42ª Ambulanza radiologica.
2ª Ambulanza odontoiatrica.
11ª Sezione disinfezione.
Ospedali da Campo: 5°, 6°, 7°, 14°, 15°, 16°, 118°, 119°, 120°, 243°, 438°, 805°.
Nuclei Chirurgici: 27°, 37°, 105°.
di Commissariato:
70ª Sezione Sussistenza.
Trasporti:
2° Autoreparto Pesante (con due sezioni autoambulanze e tre sezioni miste),
6 Autosezioni pesanti.
3 Officine mod. 37.
Automobilistico:
45ª Officina Mobile pesante.
Ricuperi:
4ª Compagnia Ricuperi.

2ª Divisione di fanteria "Sforzesca"

Comando

Comandante: Gen. D. Carlo Pellegrini.
Capo di SM: Ten. Col. Giovanni Fiore.

Quartier Generale

4ª Sezione mista Carabinieri.
5ª Sezione motorizzata Carabinieri.
2° Drappello automobilistico per C.do D.F.
69° Ufficio Posta Militare.

Fanteria

Comandante Fanteria Div.le: Gen. B. Michele Vaccaro.

53° Rgt.F. *Umbria* (C.te Col. Massimo Contini) su:
 Comando e cp. Comando di Rgt.;
 cp. mortai da 81;
 btr. cannoni accomp. da 65/17;
 Btg. (I, II, III) ciascuno su:
 C.do e cp. C.do di Btg.;
 tre cp. fucilieri;
 cp. armi accompagnamento (mitragliatrici e mortai da 45).

54° Rgt.f. *Umbria* (C.te Col. Mario Viale) su:
 Comando e cp. Comando di Rgt.;
 cp. mortai da 81;
 btr. cannoni accomp. da 65/17;
 Btg. (I, II, III) ciascuno su:
 C.do e cp. C.do di Btg.;
 tre cp. fucilieri;
 cp. armi accompagnamento (mitragliatrici e mortai da 45).
II Battaglione mortai Divisionale (da 81).
2ª e 121ª Compagnia cannoni c.c. da 47/32.

Artiglieria

17° Rgt. Artiglieria Motorizzato (C.te Col. Achille Tirindelli) su:
 C.do e Reparto C.do di Rgt.;
 Reparto Munizioni e Viveri Reg.le (per i Gruppi da 75/18);
 I Gruppo da 105/28 su tre btr. e Reparto Mun. e Viveri;
 I e II Gruppo obici da 75/18 ciascuno su tre btr.
53ª e 302ª batteria cannoni contraerei da 20 mm.
70ª batteria cannoni controcarro da 75/39 (su sei pezzi).

Genio

16ª Compagnia Artieri.
2ª Compagnia Telegrafisti e Marconisti.
8ª Sezione Fotoelettricisti.

Servizi

di Sanità:
6ª Sezione di Sanità.
di Commissariato:
1ª Sezione di Sussistenza.
Trasporti:
2ª Sezione autocarrette (per btr. di accompagnamento).

3ª Divisione di fanteria "Ravenna"

Comando

Comandante: Gen. D. Eduardo Nebbia, successivamente Gen. B. i.g.s. Francesco Dupont.
Capo di SM: Ten. Col. Paolo Ducros.

Quartier Generale

7ª Sezione mista Carabinieri.
8ª Sezione motorizzata Carabinieri.
3° Drappello automobilistico per C.do D.F.
53° Ufficio Posta Militare.

Fanteria

Comandante Fanteria Div.le: Gen. B. Manlio Capizzi.
37° Rgt.f. *Ravenna* (C.te Col. Giovanni Naldoni) su:
 Comando e cp. Comando di Rgt.;

cp. mortai da 81;
btr. cannoni accomp. da 65/17;
Btg. (I, II, III) ciascuno su:
C.do e cp. C.do di Btg.;
tre cp. fucilieri;
cp. armi accompagnamento (mitragliatrici e mortai da 45).

38° Rgt.f. *Ravenna* (C.te Col. Mario Bianchi) su:
Comando e cp. Comando di Rgt.;
cp. mortai da 81;
cp. cannoni da 47/32 di acc.;
Btg. (I, II, III) ciascuno su:
C.do e cp. C.do di Btg.;
tre cp. fucilieri;
cp. armi accompagnamento (mitragliatrici e mortai da 45).
III Battaglione mortai Divisionale (da 81).
3ª e 154ª Compagnia cannoni c.c. da 47/32.

Artiglieria

121° Rgt. Artiglieria Motorizzato (C.te Col. Giacomo Manfredi) su:
C.do e Reparto C.do di Rgt.;
Reparto Munizioni e Viveri Reg.le (per i Gruppi da 75/18);
XXVIII Gruppo da 105/28 su tre btr. e Reparto Mun. e Viveri;
I e II Gruppo obici da 75/18 ciascuno su tre btr.
51ª e 303ª batteria cannoni contraerei da 20 mm.
71ª batteria cannoni controcarro da 75/39 (su sei pezzi).

Genio

18ª Compagnia Artieri.
3ª Compagnia Telegrafisti e Marconisti.
19ª Sezione Fotoelettricisti.

Servizi

di Sanità:
18ª Sezione di Sanità.
di Commissariato:
7ª Sezione di Sussistenza.
Trasporti:
3ª Sezione autocarrette (per btr. di accompagnamento).

5ª DIVISIONE DI FANTERIA "COSSERIA"

COMANDO

COMANDANTE: GEN. D. ENRICO CAZZALE.
CAPO DI SM: COL. GIUSEPPE STEFANELLI, successivamente TEN. COL. GIUSEPPE MASSAIOLI.

QUARTIER GENERALE

13ª SEZIONE MISTA CARABINIERI.
14ª SEZIONE MOTORIZZATA CARABINIERI.
5° DRAPPELLO AUTOMOBILISTICO PER C.DO D.F.
42° UFFICIO POSTA MILITARE.

FANTERIA

COMANDANTE FANTERIA DIV.LE: GEN. B. VINCENZO ROBERTIELLO.

89° RGT.F. *SALERNO* (C.TE COL. PAOLINO MAGGIO) SU:
COMANDO E CP. COMANDO DI RGT.;
CP. MORTAI DA 81;
BTR. CANNONI ACCOMP. DA 65/17;
BTG. (I, II C.TE CAP. CHERUBINO FIORENZI, III) CIASCUNO SU:
C.DO E CP. C.DO DI BTG.;
TRE CP. FUCILIERI;
CP. ARMI ACCOMPAGNAMENTO (MITRAGLIATRICI E MORTAI DA 45).

90° RGT.F. *SALERNO* (C.TE COL. ALDO GUASCONI, successivamente TEN. COL. GIACOMO LAPENNA) SU:

COMANDO E CP. COMANDO DI RGT.;
CP. MORTAI DA 81;
BTR. CANNONI ACCOMP. DA 65/17;
BTG. (I, II, III) CIASCUNO SU:
C.DO E CP. C.DO DI BTG.;
TRE CP. FUCILIERI;
CP. ARMI ACCOMPAGNAMENTO (MITRAGLIATRICI E MORTAI DA 45).
CV BATTAGLIONE MORTAI DIVISIONALE (DA 81).
135ª E 355ª COMPAGNIA CANNONI C.C. DA 47/32.

ARTIGLIERIA

108° RGT. ARTIGLIERIA MOTORIZZATO (C.TE COL. ERNESTO DROMMI) SU:
C.DO E REPARTO C.DO DI RGT.;
REPARTO MUNIZIONI E VIVERI REG.LE (PER I GRUPPI DA 75/18);
IV GRUPPO DA 105/28 SU TRE BTR. E REPARTO MUN. E VIVERI;
I E II GRUPPO OBICI DA 75/18 CIASCUNO SU TRE BTR.
87ª E 305ª BATTERIA CANNONI CONTRAEREI DA 20 MM.
72ª BATTERIA CANNONI CONTROCARRO DA 75/39 (SU SEI PEZZI).

GENIO

23ª COMPAGNIA ARTIERI.
5ª COMPAGNIA TELEGRAFISTI E MARCONISTI.
53ª SEZIONE FOTOELETTRICISTI.

SERVIZI

DI SANITÀ:
47ª SEZIONE DI SANITÀ.
DI COMMISSARIATO:
48ª SEZIONE DI SUSSISTENZA.
TRASPORTI:
5ª SEZIONE AUTOCARRETTE (PER BTR. DI ACCOMPAGNAMENTO).

XXXV CORPO D'ARMATA (C.S.I.R.)

COMANDO

COMANDANTE: GEN. C.A. GIOVANNI MESSE, successivamente GEN. C.A. FRANCESCO ZINGALES.
CAPO DI STATO MAGGIORE: COL. UMBERTO UTILI, successivamente COL. GAETANO VARGAS.
C.TE DELL'ARTIGLIERIA: GEN. B. FRANCESCO DUPONT, successivamente GEN. B. ADRIANO PERROD.
C.TE DEL GENIO: GEN. B. MARIO TIRELLI.

QUARTIER GENERALE

SEZIONI MOTORIZZATE RR CARABINIERI 193ª, 194ª, 684ª.
33ª SEZIONE TOPOCARTOGRAFICA.
33ª SEZIONE FOTOGRAFICA.
33ª SEZIONE TOPOGRAFI PER ARTIGLIERIA.
88° UFFICIO POSTA MILITARE.
REPARTO FOTOCINEMATOGRAFICO.
DRAPPELLO AUTOMOBILISTICO PER COMANDO DI C.A. AT.
13° NUCLEO MOVIMENTO STRADALE.
1ª SEZIONE CARBURANTI.

UNITÀ DIRETTAMENTE DIPENDENTI

FANTERIA

CIV BATTAGLIONE MITRAGLIERI DI C.A.
II BATTAGLIONE CANNONI 47/32 CONTROCARRO.
XV BATTAGLIONE GUASTATORI DI FANTERIA.
Iª COMPAGNIA BERSAGLIERI MOTOCICLISTI.

ARTIGLIERIA

30° RAGGRUPPAMENTO ARTIGLIERIA DI C.A. (C.TE COL. LORENZO MATIOTTI), CON:
GRUPPI: LX, LXI E LXII CANNONI DA 105/32;
CXXIV OBICI DA 149/13 (1);
BATTERIE: 95ª E 97ª MITRAGLIERE CONTRAEREE DA 20 MM.

GENIO

IV BATTAGLIONE ARTIERI, CON:
1ª, 2ª E 3ª COMPAGNIA ARTIERI.
VIII BATTAGLIONE COLLEGAMENTI, CON:
121ª E 122ª COMPAGNIA TELEGRAFISTI;
102ª COMPAGNIA MARCONISTI;
20ª COLOMBAIA MOBILE.

19ª Officina autocarreggiata per materiali di collegamento.
88ª Sezione fotoelettricisti autocarrata.
Chimici.
16ª Compagnia truppe chimiche.

M.V.S.N.

Raggruppamento btg CC.NN. M d'Assalto *3 Gennaio* (C.te Lgt. Gen. Filippo Diamanti), con:
 Gruppo btg CC.NN. M d'Assalto. *Tagliamento* (C.te Console Nicolò Nicchiarelli, successivamente Console Domenico Mittica) con: LXIII e LXXIX Btg. CC.NN.; LXIII Btg. armi accompagnamento *Sassari* (Regio Esercito);
 Gruppo btg CC.NN. M d'Assalto *Montebello* (C.te Console Italo Vianini) con: VI e XXX Btg. CC.NN.; XII Btg. CC.NN. armi accompagnamento.

Servizi

Di Sanità:
14ª Sezione di Sanità.
1ª e 2ª Ambulanza radiologica.
14ª Ambulanza odontoiatrica.
25ª Sezione disinfezione.
Ospedali da Campo: 46°, 47°, 89°, 90°, 117°, 148°, 159°, 578°, 825°, 826°, 836°, 874°.
Nuclei Chirurgici: 20°, 25° (C.te Cap. Giuseppe Rotolo), 52°.
Di Commissariato:
87ª Sezione Sussistenza.
Trasporti:
27° Autoreparto Pesante (con 4 sezioni),
228° Autoreparto Misto (su 4 Sezioni di cui: una mista, una autoambulanza e due autobotti).
1° e 2° Autoreparto Speciale (per trasporto Raggruppamento CC.NN.).
185° e 190° Autoreparto Pesante (ciascuno su due Sezioni),
82° Reparto salmerie.
Automobilistico:
15ª Officina Mobile pesante.
Ricuperi:
5ª Compagnia Ricuperi.

9ª Divisione autotrasportabile "Pasubio"

Comando

Comandante: Gen. D. Vittorio Giovanelli, successivamente Gen. D. Guido Boselli.
Capo di SM: Ten. Col. Umberto Ricca, successivamente Ten. Col. Gianfilippo Cangini.

Quartier Generale

25ª e 26ª Sezione Motorizzata Carabinieri.
9° Drappello Automobilistico per C.do D.At.
91ª Sezione Carburanti.
9° Nucleo Soccorso Stradale.
8° Nucleo Movimento Stradale.
83° Ufficio Posta Militare.

Fanteria

Comandante Fanteria Div.le: Gen. B. Roberto Olmi, successivamente Gen. B. Davide Borghini.

79° Rgt.f. *Roma* (C.te Col. Rocco Blasioli, successivamente Col. Armando Mazzocchi) su:
Comando e cp. Comando di Rgt.;
cp. mortai da 81;
btr. cannoni accomp. da 65/17;
Btg. (I, II, III) ciascuno su:
C.do e cp. C.do di Btg.;
tre cp. fucilieri;
cp. armi accompagnamento (mitragliatrici e mortai da 81).

80° Rgt.f. *Roma* (C.te Ten. Col. i.g.s. G. B. Casazza) su:
Comando e cp. Comando di Rgt.;
cp. mortai da 81;
btr. cannoni accomp. da 65/17;
Btg. (I, II, III) ciascuno su:
C.do e cp. C.do di Btg.;
tre cp. fucilieri;
cp. armi accompagnamento (mitragliatrici e mortai da 81).
V e IX Battaglione mortai Divisionale (da 81).
9ª e 141ª Compagnia cannoni c.c. da 47/32.

Artiglieria

8° Rgt. Artiglieria Motorizzato (C.te Col. Alfredo Reginella) su:
C.do e Reparto C.do di Rgt.;
I Gruppo motorizzato obici da 100/17;
I e II Gruppo motorizzato cannoni da 75/27;
Reparto munizioni e viveri.
73ª batteria cannoni controcarro da 75/39 (su sei pezzi).
85ª e 309ª batteria cannoni contraerei da 20 mm.

Genio

30ª Compagnia Artieri.
9ª Compagnia Telegrafisti e Marconisti.
95ª Sezione Fotoelettricisti.

Servizi

di Sanità:
5ª Sezione di Sanità.
di Commissariato:
11ª Sezione di Sussistenza.
Trasporti:
9ª Officina mod. 37.

52ª Divisione Autotrasportabile "Torino"

Comando

Comandante: Gen. D. Roberto Lerici.
Capo di SM: Magg. Umberto Turrini.

Quartier Generale

56ª e 66ª (C.te STenente Attilio Boldoni) Sezione Motorizzata Carabinieri.
52° Drappello Automobilistico per C.do D.At.
52ª Sezione Carburanti.
52° Nucleo Soccorso Stradale.
5° Nucleo Movimento Stradale.
152° Ufficio Posta Militare.

Fanteria

Comandante Fanteria Div.le: Gen. B. Ottorino Schreiber, successivamente Gen. B. Cesare Rossi.

81° Rgt.F. *Torino* (C.te Col. Biagio Santini) su:
Comando e cp. Comando di Rgt.;
cp. mortai da 81;
btr. cannoni accomp. da 47/32;
Btg. (I, II, III) ciascuno su:
C.do e cp. C.do di Btg.;
tre cp. fucilieri;
cp. armi accompagnamento (mitragliatrici e mortai da 81).

82° Rgt.F. *Torino* (C.te Col. Evaristo Fioravanti) su:
Comando e cp. Comando di Rgt.;
cp. mortai da 81;
btr. cannoni accomp. da 47/32;
Btg. (I, II, III) ciascuno su:
C.do e cp. C.do di Btg.;
tre cp. fucilieri;
cp. armi accompagnamento (mitragliatrici e mortai da 81).
XXVI e LII Battaglione mortai Divisionale (da 81).
52ª e 171ª Compagnia cannoni c.c. da 47/32.

Artiglieria

52° Rgt. Artiglieria Motorizzato (C.te Col. Giuseppe Ghiringhelli) su:
C.do e Reparto C.do di Rgt.;
I Gruppo motorizzato obici da 100/17;
II e III Gruppo motorizzato cannoni da 75/27;
Reparto munizioni e viveri.
74ª batteria cannoni controcarro da 75/39 (su sei pezzi).
352ª e 361ª batteria mitragliere contraeree da 20 mm.

Genio

57ª Compagnia Artieri.
52ª Compagnia Telegrafisti e Radiotelegrafisti.
69ª Sezione Fotoelettricisti.

SERVIZI

DI SANITÀ:
52ª SEZIONE DI SANITÀ.
DI COMMISSARIATO:
52ª SEZIONE DI SUSSISTENZA.
TRASPORTI:
52ª OFFICINA MOD. 37.

3ª DIVISIONE CELERE "PRINCIPE AMEDEO DUCA D'AOSTA"

COMANDO

COMANDANTE: GEN. D. MARIO MARAZZANI, SUCCESSIVAMENTE GEN. D. ETTORE DE BLASIO.
VICE C.TE: GEN. B. CARLO LOMBARDI, SUCCESSIVAMENTE GEN. B. ANTONIO LURIDIANA.
CAPO DI SM: COL. DANDOLO BATTAGLINI.

QUARTIER GENERALE

355ª E 356ª SEZIONE CELERE CARABINIERI.
3° DRAPPELLO AUTOMOBILISTICO PER C.DO D.AT.
7° NUCLEO MOVIMENTO STRADALE.
40° UFFICIO POSTA MILITARE.

FANTERIA

3° RGT. BERSAGLIERI (COL. AMINTO CARRETTO, SUCCESSIVAMENTE COL. ERCOLE FELICI) SU:
COMANDO E CP. COMANDO DI RGT.;
TRE BTG. BERSAGLIERI AUTOTRASPORTATI (XVIII, XX C.TE MAG. ALFREDO TARSIA, XXV).

6° RGT. BERSAGLIERI (COL. UMBERTO SALVATORES, SUCCESSIVAMENTE COL. MARIO CARLONI) SU:
COMANDO E CP. COMANDO DI RGT.;
TRE BTG. BERSAGLIERI AUTOTRASPORTATI (VI, XIII, XIX).
XLVII BATTAGLIONE BERSAGLIERI MOTOCICLISTI SU TRE COMPAGNIE.
VII BATTAGLIONE BERSAGLIERI CORAZZATO SU DUE CP. CARRI L/6.

IC BATTAGLIONE MORTAI DIVISIONALE (DA 81).
172ª, 173ª, 272ª COMPAGNIA CANNONI C.C. DA 47/32.

XIII GRUPPO *CAVALLEGGERI DI ALESSANDRIA* SU DUE SQUADRONI CON SEMOVENTI DA 47/32.

ARTIGLIERIA

120° RGT. ARTIGLIERIA MOTORIZZATO (C.TE TEN. COL. UGO DE SIMONE) SU:
C.DO E REPARTO C.DO DI RGT.;
I GRUPPO OBICI DA 100/17 SU TRE BATTERIE;
II E III GRUPPO CANNONI DA 75/27 SU TRE BATTERIE;
REPARTO MUNIZIONI E VIVERI REGGIMENTALE.
93ª E 101ª BATTERIA MOTORIZZATA C.A. DA 20 MM.
75ª BATTERIA CANNONI C.C. DA 75/39 (6 PEZZI).

GENIO

105ª COMPAGNIA ARTIERI.
103ª COMPAGNIA TELEGRAFISTI E MARCONISTI.

SERVIZI

DI SANITÀ:
73ª Sezione di Sanità.
DI COMMISSARIATO:
93ª Sezione di Sussistenza.
TRASPORTI:
XIV Autogruppo Pesante su 4 Autoreparti (218° e 219° Arp., 122° Arl., 213° Arm.).
3ª Officina mod. 37.

CORPO D'ARMATA ALPINO

COMANDO

COMANDANTE: Gen. C.A. Gabriele Nasci.
CAPO DI SM: Col. Giulio Martinat.
C.TE DELL'ARTIGLIERIA: Gen. B. Carlo Filippi.
C.TE DEL GENIO: Gen. B. Cesare Tamassia.

QUARTIER GENERALE

422ª Sezione Alpina Carabinieri e 425ª Sezione Alpina Carabinieri mista.
27ª Sezione topocartografica.
20ª Sezione fotografica.
20ª Sezione telefotografica.
108° Ufficio Posta Militare.
Autodrappello per Comando C.A. Alpino.

UNITÀ DIRETTAMENTE DIPENDENTI

ARTIGLIERIA (C.TE Col. Guglielmo Maj).
11° Raggruppamento Artiglieria di C.A. su:
 LI, LII, LIII Gruppo cannoni da 105/32;
 CXVII Gruppo obici da 149/13.
11° Reparto specialisti di artiglieria.
39ª e 41ª batteria contraerea da 20 mm.

GENIO

I Battaglione artieri (su tre compagnie).
IX Battaglione misto (una compagnia telegrafisti, una compagnia marconisti, una compagnia fotoelettricisti).
XXX Battaglione guastatori del genio.
21ª Officina riparazioni materiali di collegamento.
19ª Colombaia mobile.

CHIMICI

1ª Compagnia chimica.

SERVIZI

DI SANITÀ (C.te Col. Dott. Bertinetti):
307ª Sezione Alpina di sanità.
7ª Ambulanza odontoiatrica.
Ospedali da Campo: 23°, 24°, 466°, 467°, 483°, 484°.
9ª Sezione disinfezione.
DI COMMISSARIATO (C.te Ten. Col. Barbera):
113ª Sezione Alpina di Commissariato.
TRASPORTI:

200° Autoreparto misto (su due sezioni pesanti, una leggera ed una autocarrette).
Automobilistico:
57ª Officina mobile pesante.
Ricuperi:
6ª Compagnia ricuperi.

2ª Divisione Alpina "Tridentina"

Comando

Comandante: Gen. B. Luigi Reverberi.
Capo di SM: Magg. Alessandro Ambrosiani.

Quartier Generale

402ª e 417ª Sezione Carabinieri da montagna.
2° Autodrappello per C.do Divisione alpina.
201° Ufficio Posta Militare.

Fanteria

5° Rgt. Alpini (C.te Col. Giuseppe Adami) su:
Comando e cp. Comando di Rgt.;

Btg. Alpini *Morbegno* (C.te Mag. Zocchi) su:
cp. c.do,
tre cp. alpini (44ª C.te Cap. Spazzi, 45ª C.te Cap. Emanuelli, 47ª C.te Cap. Fabroncini),
una cp. armi accompagnamento (107ª C.te Ten. Loffredo);

Btg. Alpini *Tirano* (C.te Mag. Volpatti) su:
cp. c.do,
tre cp. alpini (46ª C.te Cap. Grandi, 48ª C.te Cap. Piatti, 49ª C.te Cap. Briolini),
una cp. armi accompagnamento (109ª C.te Cap. Giamminola);

Btg. Alpini *Edolo* (C.te Mag. Belotti) su:
cp. c.do,
tre cp. alpini (50ª C.te Cap. Sarti, 51ª C.te Cap. Palumbo, 52ª C.te Cap. Noseda),
una cp. armi accompagnamento (110ª C.te Cap. Mafessanti);
5ª Sezione alpina di Sanità;
618° Ospedale alpino da Campo;
5° Nucleo di Sussistenza;
25ª Sezione Salmerie.

6° Rgt. Alpini (C.te Col. Paolo Signorini) su:
Comando e cp. Comando di Rgt.;

Btg. Alpini *Vestone* (C.te Mag. Bracchi) su:
cp. c.do,
tre cp. alpini (53ª C.te Cap. Marcolini, 54ª C.te Cap. Prosperi, 55ª C.te Cap. Pasquali),
una cp. armi accompagnamento (111ª C.te Cap. Porzio);

Btg. Alpini *Val Chiese* (C.te Ten. Col. Policarpo Chierici, successivamente Mag. Cesare Paroldo) su:
cp. c.do,
tre cp. alpini (253ª C.te Cap. Festini successivamente Ten. Giorgio Gaza, 254ª C.te Cap. Scano, 255ª C.te Cap. Zani),
una cp. armi accompagnamento (112ª C.te Cap. Albisetti);

Btg. Alpini *Verona* (C.te Mag. Prat) su:
cp. c.do,
tre cp. alpini (56ª C.te Cap. Grisi, 57ª C.te Cap. Ridolfi, 58ª C.te Cap. Venier),
una cp. armi accompagnamento (113ª C.te Cap. Liut);

6ª Sezione alpina di Sanità;
621° Ospedale alpino da Campo;
6° Nucleo di Sussistenza;
26ª Sezione Salmerie.
82ª e 216ª Compagnia Alpini cannoni c.c. da 47/32.

Artiglieria

2° Rgt. a. Alpina (Col. Federico Moro) su:
C.do e Reparto C.do di Rgt.;

Gruppo *Bergamo* (C.te Mag. Meozzi) su:
tre btr. obici da 75/13 (31ª C.te Cap. Bartolozzi, 32ª C.te Cap. Gallarotti, 33ª C.te Cap. Bonfatti),
Reparto Munizioni e Viveri;

Gruppo *Vicenza* (C.te Ten. Col. Calbo) su:
tre btr. obici da 75/13 (19ª C.te Cap. Rossi, 20ª C.te Cap. Bavosa, 45ª C.te Cap. Vinco),
Reparto Munizioni e Viveri;

Gruppo *Val Camonica* (C.te Mag. Ugo Andri) su:
due btr. obici da 105/11 (28ª C.te Cap. Marsiglia, 29ª C.te Cap. Moizo),
Reparto Munizioni e Viveri;

56ª e 59ª Batteria c.a. da 20 mm.
70ª Batteria cannoni c.c. da 75/39 (6 pezzi).

Genio

II Btg. misto genio su:
cp. artieri;
cp. telegrafisti e marconisti;
sezione fotoelettricisti.

Servizi

di Sanità:
302ª Sezione alpina di Sanità.
Ospedali da Campo: 619°, 620°, 622°, 623°.
di Commissariato:
110ª Sezione di Sussistenza.
Trasporti:
206° Autoreparto Misto (su 5 Sezioni e una Sezione autobotti),
5° Reparto Salmerie.

3ª Divisione Alpina "Julia"

Comando

Comandante: Gen. B. Umberto Ricagno.
Capo di SM: Col. Giuseppe Molinari.

Quartier Generale

415ª e 416ª Sezione Carabinieri da montagna.
3° Autodrappello per C.do Divisione alpina.
202° Ufficio Posta Militare.

Fanteria

8° Rgt. Alpini (C.te Col. Armando Cimolino) su:
Comando e cp. Comando di Rgt.;

Btg. Alpini *Tolmezzo* (C.te Mag. Talamo) su:
cp. c.do,
tre cp. alpini (6ª C.te Cap. Bricco, 12ª C.te Ten. Ebene, 72ª C.te Ten. Bucco),
una cp. armi accompagnamento (115ª C.te Ten. Cellanova);

Btg. Alpini *Gemona* (C.te Ten. Col. Rinaldo D'Allarmi) su:
cp. c.do,
tre cp. alpini (69ª C.te Cap. Ubaldi successivamente Ten. Renzo Brosadola, 70ª C.te Ten. Egone Chiussi, 71ª C.te Cap. Guido Renzo Giglioli),
una cp. armi accompagnamento (116ª C.te Cap. Renzo Rago);

Btg. Alpini *Cividale* (C.te Ten. Col. Zacchi) su:
cp. c.do,
tre cp. alpini (16ª C.te Cap. Crosa, 20ª C.te Ten. Chiaradia, 76ª C.te Ten. Maurich),
una cp. armi accompagnamento (118ª C.te Ten. Crea);

308ª Sezione alpina di Sanità;
814° Ospedale alpino da Campo;
8° Nucleo di Sussistenza;
28ª Sezione Salmerie.

9° Rgt. Alpini (C.te Col. Fausto Lavizzari) su:
Comando e cp. Comando di Rgt.;

Btg. Alpini *Vicenza* (C.te Mag. Paganelli) su:
cp. c.do,
tre cp. alpini (59ª C.te Cap. Meneghello, 60ª C.te Ten. Quaglia, 61ª C.te Ten. De Barberis),
una cp. armi accompagnamento (117ª C.te Cap. Michelotto);

Btg. Alpini *L'Aquila* (C.te Mag. Boschis) su:
cp. c.do,
tre cp. alpini (93ª C.te Cap. Carraro, 108ª C.te Cap. Mosca, 143ª C.te Cap. Menè),
una cp. armi accompagnamento (119ª C.te Cap. Amour);

Btg. Alpini *Val Cismon* (C.te Cap. Valenti) su:
cp. c.do,

TRE CP. ALPINI (264ª C.TE CAP. BERTOLOTTI, 265ª C.TE TEN. FOGHINI, 277ª C.TE TEN. FACCHINI),
UNA CP. ARMI ACCOMPAGNAMENTO;

309ª SEZIONE ALPINA DI SANITÀ;
630° OSPEDALE ALPINO DA CAMPO;
9° NUCLEO DI SUSSISTENZA;
29ª SEZIONE SALMERIE.
41ª E 83ª COMPAGNIA ALPINI CANNONI C.C. DA 47/32.

ARTIGLIERIA

3° RGT. A. ALPINA (C.TE COL. PIETRO GAY, SUCCESSIVAMENTE COL. FEDERICO MORO) SU:
C.DO E REPARTO C.DO DI RGT.;

GRUPPO *CONEGLIANO* (C.TE TEN. COL. DOMENICO ROSSOTTO) SU:
TRE BTR. OBICI DA 75/13 (13ª C.TE CAP. D'AMICO, 14ª C.TE TEN. SANMARTINO, 15ª C.TE TEN. MANZONI),
REPARTO MUNIZIONI E VIVERI;

GRUPPO *UDINE* (C.TE CAP. COCUZZA) SU:
TRE BTR. OBICI DA 75/13 (17ª C.TE CAP. FRATTARELLI, 18ª C.TE CAP. COLINELLI, 34ª C.TE CAP. LUBRANI),
REPARTO MUNIZIONI E VIVERI;

GRUPPO *VAL PIAVE* (C.TE TEN. COL. VALDETARA) SU:
TRE BTR. OBICI DA 105/11 (35ª C.TE CAP. ALBERTO AURILI, 36ª C.TE CAP. MURARI DELLA CORTE BRA, 39ª C.TE CAP. ZANON),
REPARTO MUNIZIONI E VIVERI;

45ª E 47ª BATTERIA C.A. DA 20 MM.
77ª BATTERIA CANNONI C.C. DA 75/39 (6 PEZZI).

GENIO

III BTG. MISTO GENIO SU:
CP. ARTIERI;
CP. TELEGRAFISTI E MARCONISTI;
SEZIONE FOTOELETTRICISTI.

SERVIZI

DI SANITÀ:
303ª SEZIONE ALPINA DI SANITÀ.
OSPEDALI DA CAMPO: 628°, 629°, 633°, 813°.
DI COMMISSARIATO:
111ª SEZIONE DI SUSSISTENZA.
TRASPORTI:
207° AUTOREPARTO MISTO (SU 5 SEZIONI E UNA SEZIONE AUTOBOTTI),
8° REPARTO SALMERIE.

4ª Divisione Alpina "Cuneense"

Comando

Comandante: Gen. D. Emilio Battisti.
Capo di SM: Ten. Col. Lorenzo Navone.

Quartier Generale

413ª e 414ª Sezione Carabinieri da montagna.
4° Autodrappello per C.do Divisione alpina.
203° Ufficio Posta Militare.

Fanteria

1° Rgt. Alpini (C.te Col. Luigi Manfredi) su:
Comando e cp. Comando di Rgt.;

Btg. Alpini *Ceva* (C.te Ten. Col. Avenanti) su:
cp. c.do,
tre cp. alpini (1ª C.te Cap. Zocchi, 4ª C.te Cap. Dal Prè, 5ª C.te Cap. Corrado),
una cp. armi accompagnamento (101ª C.te Cap. Leoni);

Btg. Alpini *Pieve di Teco* (C.te Mag. Catanoso) su:
cp. c.do,
tre cp. alpini (2ª C.te Cap. Morena, 3ª C.te Cap. Brioso, 8ª C.te Ten. Parodi),
una cp. armi accompagnamento (102ª C.te Cap. Grossi);

Btg. Alpini *Mondovì* (C.te Mag. Trovato) su:
cp. c.do,
tre cp. alpini (9ª C.te Cap. Pogliani, 10ª C.te Cap. Ponzinibio, 11ª C.te Cap. Gallotti),
una cp. armi accompagnamento (103ª C.te Cap. Cocito);

1ª Sezione alpina di Sanità;
612° Ospedale alpino da Campo;
1° Nucleo di Sussistenza;
21ª Sezione Salmerie.

2° Rgt. Alpini (C.te Col. Luigi Scrimin) su:
Comando e cp. Comando di Rgt.;

Btg. Alpini *Borgo San Dalmazzo* (C.te Ten. Col. Palazzi) su:
cp. c.do,
tre cp. alpini (13ª C.te Cap. Zambelli, 14ª C.te Cap. Ravotto, 15ª C.te Cap. Grego),
una cp. armi accompagnamento (104ª C.te Ten. Parracone);

Btg. Alpini *Dronero* (C.te Ten. Col. Guaraldi) su:
cp. c.do (C.te Cap. Ribero),
tre cp. alpini (17ª C.te Cap. Chiaramello, 18ª C.te Cap. Gorresio, 19ª C.te Ten. Briganti),
una cp. armi accompagnamento;
Btg. Alpini *Saluzzo* (C.te Mag. Boniperti) su:
cp. c.do (C.te Cap. Ribero),
tre cp. alpini (21ª C.te Cap. Rabo, 22ª C.te Ten. Percivalle, 23ª C.te Cap. Pennacini),
una cp. armi accompagnamento (106ª C.te Ten. Barbarani);
2ª Sezione alpina di Sanità;

615° Ospedale alpino da Campo;
2° Nucleo di Sussistenza;
22ª Sezione Salmerie.
14ª e 84ª Compagnia Alpini cannoni c.c. da 47/32.

Artiglieria

4° Rgt. a. Alpina (Col. Enrico Orlandi) su:
C.do e Reparto C.do di Rgt.;

Gruppo *Pinerolo* (C.te Ten. Col. Luca) su:
tre btr. obici da 75/13 (7ª C.te Cap. Bordini, 8ª C.te Cap. Sasso, 9ª C.te Cap. Zanetti),
Reparto Munizioni e Viveri;

Gruppo *Mondovì* (C.te Ten. Col. Rossini) su:
tre btr. obici da 75/13 (10ª C.te Cap. Cassone, 11ª C.te Cap. Sibona, 12ª C.te Cap. Calanchi),
Reparto Munizioni e Viveri (C.te Cap. Pietro Toni);

Gruppo *Val Po* (C.te Ten. Col. Gesseri) su:
due btr. obici da 105/11 (72ª C.te Cap. De Silvestri, 73ª C.te Cap. Rossi),
Reparto Munizioni e Viveri;
64ª e 116ª Batteria c.a. da 20 mm. (C.te Cap. Mazzetti).
78ª Batteria cannoni c.c. da 75/39 (6 pezzi) (C.te Ten. Massobrio).

Genio

IV Btg. misto genio su:
cp. artieri;
cp. telegrafisti e marconisti;
sezione fotoelettricisti.

Servizi

di Sanità:
306ª Sezione alpina di Sanità.
Ospedali da Campo: 613°, 614°, 616°, 617°.
di Commissariato:
107ª Sezione di Sussistenza.
Trasporti:
201° Autoreparto Misto (su 5 Sezioni e una Sezione autobotti),
2° Reparto Salmerie.

156ª Divisione di Fanteria "Vicenza"

Comando

Comandante: Gen. B. i.g.s. Etelvoldo Pascolini.
Capo di SM: Ten. Col. Agostino Uberti.

Quartier Generale

136ª e 137ª Sezione mista Carabinieri.
156° Ufficio Posta Militare.
XXVI Btg. Carabinieri (su due cp.).

Fanteria

277° Rgt.f. (C.te Col. Giulio Cesare Salvi) su:
 Comando e cp. Comando di Rgt.;
 cp. mortai da 81;
 btr. cannoni accomp. da 47/32;
 Btg. (I, II, III) ciascuno su:
 C.do e cp. C.do di Btg.;
 tre cp. fucilieri;
 cp. armi accompagnamento (mitragliatrici e mortai).

278° Rgt.f. (C.te Col. Gaetano Romeres) su:
 Comando e cp. Comando di Rgt.;
 cp. mortai da 81;
 btr. cannoni accomp. da 47/32;
 Btg. (I, II, III) ciascuno su:
 C.do e cp. C.do di Btg.;
 tre cp. fucilieri;
 cp. armi accompagnamento (mitragliatrici e mortai).

CLVI Battaglione mitraglieri.

256ª Compagnia controcarro da 47/32.

Genio

Battaglione misto su:
 156ª cp. artieri;
 256ª cp. telemarconisti.

Servizi

di Sanità:
156ª Sezione di Sanità.
161° e 162° Ospedale da Campo.
di Commissariato:
156ª Sezione di Sussistenza.
256ª Squadra panettieri con forni.
Trasporti:
1121ª Autosezione Mista.

Unità direttamente dipendenti dal Comando 8ª Armata

Regi Carabinieri

373ª Sezione a cavallo Carabinieri.
175ª Sezione motorizzata Carabinieri.
236ª, 237ª, 238ª, 239ª, 243ª, 244ª, 245ª, 283ª Sezione mista Carabinieri.

Fanteria

CIX Battaglione mitraglieri autocarrato.

Battaglione alpino sciatori *Monte Cervino* (su tre compagnie e due plotoni mitraglieri).

Cavalleria

Raggruppamento a cavallo (C.te Gen. B. Guglielmo Barbò di Casal Morano):

3° Reggimento *Savoia Cavalleria* (C.te Col. Alessandro Bettoni di Cazzago):
Comando e squadrone Comando di Reggimento;
I e II Gruppo squadroni su: Comando e due squadroni Cavalieri;
5° Squadrone mitraglieri.

5° Reggimento «*Lancieri di Novara*» (C.te Col. Carlo Pagliano):
Comando e squadrone Comando di Reggimento;
I e II Gruppo squadroni su: Comando e due squadroni Cavalieri;
5° Squadrone mitraglieri.

Gruppo Cosacchi *Campello* (Magg. Ranieri di Campello)

Comando Gruppo.
  1ª-3ª Sotnia
  Fanfara

Artiglieria

9° Raggruppamento Artiglieria d'Armata con i Gruppi:
  XXIV e L cannoni da 149/28;
  XXXI, XXXII, XXXIV cannoni da 149/40;
  LXXIII obici da 210/22.
Reggimento Artiglieria a cavallo (C.te Col. Domenico Montella) su:
  Comando e reparto C.do di Reggimento;
  I, II, III Gruppo su due batterie ippotrainate cannoni 75/27 mod. 1912;
  Reparto munizioni e viveri reggimentale.
201° Reggimento Artiglieria Motorizzato (C.te Col. Enrico Altavilla) su:
  Comando e reparto C.do di Reggimento;
  I, II, III Gruppo di tre batterie cannoni da 75/32.
4° Raggruppamento Artiglieria contraerei (C.te Col. Giuseppe di Martino) su:
  IV e XIX Gruppo su due batterie cannoni da 75/46;
  XXXVI, XXXVII, XXXVIII Gruppo su tre batterie cannoni da 75/46.
14° Reparto specialisti di Artiglieria.
86ª Sezione fotoelettricisti.
31ª, 40ª, 42ª 65ª Batteria contraerei da 20 mm.

Genio

XXVI Battaglione artieri.
5° Raggruppamento trasmissioni su:
 I Battaglione telegrafisti (su quattro compagnie);
 V Battaglione misto (su una compagnia mista collegamenti e una compagnia mista specialisti);
 156ª Compagnia telemarconisti.
8ª Colombaia mobile.
8ª e 9ª Compagnia idrici.
6ª Compagnia antincendi.
I, II, IX, XXXIV Battaglione pontieri.
101ª Compagnia traghettatori.
IX e X Battaglione ferrovieri.
XVIII Battaglione lavoratori (su quattro compagnie).
XL Battaglione lavoratori (su tre compagnie).

Chimici

8° Raggruppamento chimico d'Armata su:
 I e IV Battaglione chimico.

Regia Aeronautica

LXXI Gruppo di osservazione per l'Esercito con le Squadriglie 38ª e 116ª.
XXI Gruppo da caccia terrestre con le Squadriglie 356ª, 361ª, 382ª, 386ª.

Legione Croata

Comando Legione;
Battaglione fucilieri;
Compagnia mortai da 81;
Compagnia pezzi da 47/32 controcarro.

Intendenza dell'8ª Armata

Intendente: Gen. B. Carlo Biglino.
Capo di SM: Ten. Col. Luigi De Michelis.

Sanità

Direzione di Sanità. Direttore: Col. Med. Dott. Nicola Maugeri.
8° Magazzino di Sanità.
Ospedali da Campo: 25°, 32°, 40°, 44°, 60°, 64°, 163°, 164°, 235°, 238°, 239°, 256°, 257°, 820°, 827°, 828°, 829°, 830°, 831°, 832°, 837°, 873°, 249°, 250°, 251°, 211°, 201°, 202°, 203°, 213°, 512°, 513°, 514°, 515°.
Ospedali di Riserva: 1°, 2°, 3°, 6°, 7°, 8°.
Convalescenziari: 1° e 2°.
Sezioni Bonifica Gassati: 2ª e 104ª.
Sezioni Disinfezione: 22ª e 31ª.
Laboratorio Chimico - Batteriologico - Tossicologico.
Treni Ospedale:
 RE: 3°, 5°, 6°, 7°, 10°, 12°, 23°, 24°, 34°, 35°, 36°, 41°;
 CRI: 13°, 14°, 15°, 16°, 17°, 18°;
 SMOM: 1°, 4°.

Commissariato

Direzione di Commissariato. Direttore: Col. Commiss. Felice Pirro.
8° Magazzino Viveri ed Avena.
8° Magazzino Foraggi, Paglia e Legna.
8° Magazzino Vestiario ed Equipaggiamento.
Sezioni di Sussistenza: 57ª, 84ª, 96ª, 97ª.
1ª Compagnia Macellai.
Sezioni Panettieri con forni rotabili: 28ª, 8ª, 19ª, 6ª.
Squadre Panettieri con forni rotabili: 23ª, 104ª, 2ª, 49ª, 53ª, 26ª, 65ª, 59ª, 61ª, 62ª, 63ª.
Sezione Panettieri con forni carreggiabili: 175ª.
Sezioni Panettieri senza forni mobili: 166ª, 169ª, 171ª, 176ª, 181ª, 191ª.
1ª Squadra mista Panettieri.

Amministrazione

Direzione di Amministrazione.

Artiglieria:
Direzione di Artiglieria. Direttore: Col. Giovanni Bottari.
8° Magazzino di Artiglieria.

Genio:
Direzione del Genio. Direttore: Col. Vincenzo Caniglia.
8° Magazzino del Genio.
33ª Compagnia Genio Artieri.

Chimico:
Direzione Chimica. Direttore: Magg. Giovanni Rosa.
8° Magazzino Chimico.
Laboratorio chimico da campo.

Ippica e veterinaria:
Direzione di Ippica e Veterinaria.
8° Magazzino di Veterinaria e Mascalcia.
8° Parco quadrupedi carreggio e bardature.
Infermerie quadrupedi: 2ª, 3ª, 6ª, 13ª, 17ª, 120ª, 121ª.

Trasporti:
Direzione Trasporti. Direttore: Ten. Col. S.M. Antonio Guatano.
VI e XXVI Battaglione Movimento Stradale (ciascuno su tre compagnie e un reparto socc. stradale).
6ª e 8ª Centuria milizia della strada.
2ª Autoraggruppamento di Armata (C.te Col. Ginesio Ninchi) su:
  II Autogruppo misto con: due autoreparti pesanti; un autoreparto ambulanze; un autoreparto autobotti; una autofficina.
  XXIX Autogruppo pesante con: tre autoreparti pesanti; un autoreparto misto; due autofficine; duecento rimorchi; duecento attrezzature per trasporto quadrupedi.
  LI Autogruppo pesante con: quattro autoreparti pesanti; due autofficine.
  46ª Officina.
  8° Reparto soccorso stradale.
7° Autoraggruppamento di Armata (C.te Col. Achille Paolini) su:
  XVIII Autogruppo pesante con: quattro autoreparti pesanti.
  XXX Autogruppo pesante con: tre autoreparti pesanti; un autoreparto ambulanze.
  7ª Officina.
8° Autoraggruppamento di Armata su: LVII Autogruppo pesante con: quattro autoreparti pesanti.

LVIII Autogruppo pesante con: quattro autoreparti pesanti.
8ª Officina.
10° Autoraggruppamento di Armata (C.te Col. Giuseppe Papi) su:
LX Autogruppo pesante con: quattro autoreparti pesanti.
LXI Autogruppo pesante con: quattro autoreparti pesanti.
10ª Officina.
350° Autoreparto pesante.

Automobilistico:
Direzione automobilistica.
6° e 7° Parco automobilistico.
Sei officine di autogruppo.
Due officine speciali FIAT.

Tappe:
Direzione delle Tappe. Direttore: Gen. B. Giuseppe Musinu.
Tre Comandi Tappa Principale.
Sei Comandi Tappa Secondaria.
Undici Comandi Tappa Speciale.
Quattro Uffici Tappa Principale.
CCXV, CCXVII, CCXLVII, CDXLI Btg. Territoriale mobile (su quattro compagnie).
CCXVIII, CDL, CDLIV Btg. Territoriale mobile (su tre compagnie).
63ª Compagnia presidiaria.
CCIX, CDXLIX, CDLI, CDLII, CDLIII, CDLV, CDLVI, CDLVII appiedato di Artiglieria (ciascuno su quattro batterie).

Postale telegrafico:
Direzione Postale e Telegrafica. Direttore: Magg. (milit.) Angelo Zocchi.
Uffici Posta Militare: 6°, 102°, 122°, 126°, 127°, 128°, 129°.

Ricuperi:
Direzione Ricuperi. Direttore: Col. Ferdinando Graziani, successivamente Col. Nicola Ruffo.
7ª Compagnia Ricuperi.

Strade:
Direzione Strade. Direttore: Magg. Aleramo Perdomo.

Economia di guerra:
Direzione Economia di Guerra.

Legnami:
Direzione Legnami. Direttore: Sen. M. F. O. Vecchioli.
91ª e 131ª Compagnia forestale.

La prima battaglia del Don

Le truppe italiane, tra l'inverno e l'estate del 1942, vennero a volte impiegate in operazioni antipartigiane, allo scopo di asicurare la sicurezza delle retrovie del fronte. Va detto che se pure non mancarono scontri con i partigiani sovietici e le conseguenti rappresaglie, la situazione nel settore dell'ARM.I.R. era migliore rispetto al resto del fronte orientale, perché la resistenza nazionalista ucraina (*Ukrainška Povštanka Armija*) per quanto antitedesca ed antisovietica vedeva invece con favore la presenza degli italiani, che spesso provvedevano ad armare ed equipaggiare gli ucraini contro i partigiani comunisti[52].

L'impiego in funzione antipartigiana della Legione croata porta a supporre come anche nel settore controllato dagli italiani debbano essersi verificate rappresaglie piuttosto dure da parte delle truppe croate, già veterane della guerriglia balcanica, anche se gli incartamenti della Legione ed il diario storico sono, a ciò che ci consta, perduti.

Le operazioni dell'ARM.I.R. ripresero a luglio del 1942, nell'ambito della ripresa offensiva germanica verso il Caucaso ed il Volga, che aveva come obbiettivo Stalingrado.

Dall'11 al 22 luglio le unità del XXXV Corpo del Generale Messe (ossia il vecchio C.S.I.R., cui si erano aggiunti la Divisione *Sforzesca*, il Battaglione *Monte Cervino* e la Legione Croata della MVSN) inquadrate per l'occasione nella *17. Armee*, concorsero all'occupazione del bacino carbonifero di Krasnij Lutsch ed alla battaglia di Serafimovitch.

Dal 25 al 29 luglio il 6° Reggimento Bersaglieri si portò all'ansa del Don, controllata da una testa di ponte sovietiche che andava da Satonskij-Serafimovic a Bobrovski-Baskovskij, sulla sponda occidentale, attraverso boschi digradanti al fiume. Le *balke*[53] che corrono parallele al fiume rendevano invisibile dalle quote retrostanti un eventuale movimento Nord-Sud del nemico. Questa zona assegnata al 6° a differenza dell'altra era più rocciosa ed era per il momento controllata da uno striminzito Reggimento tedesco a Baskovskij. Alle dodici del giorno 30 il 3° Bersaglieri, che muoveva lungo l'ansa del Don, scatenò la reazione sovietica: da sud mossero 24 carri *T-34* e 16 *T-26* che investirono prima i tedeschi poi il 6°.

All'alba del 2 agosto partì l'attacco contro Bobrovski e Baskovskij, che furono raggiunte. Restava il bosco, digradante al fiume, attraverso cui arrivavano i rinforzi e che serviva anche come centrale di tiro.

Il VI Battaglione destinato alla Quota 210 veniva coinvolto in scontri furibondi con le sue compagnie 3° comandata da Barnabè (ferito, decorato con Medaglia di Bronzo al VM) e 2ª del S.Ten. Bruno Carloni che aveva la peggio (venne insignito della Medaglia d'Oro al VM alla memoria[54]).

---

52   N. Thomas, *Partisan Warfare 1941-45*, Oxford 1993, p.17, 47. Uno studio scientifico sulla guerriglia in URSS è ora quello di B. Shepherd, *War in the Wild East. The German Army and Soviet Partisans*, Harvard 2006.
53   Profonde e larghe fenditure nella steppa russa, talvolta di notevole ampiezza.
54   La motivazione recita: *Giovanissimo ufficiale entusiasta e valoroso, già decorato di medaglia d'argento al valore militare "sul campo". Durante l'accanito e sanguinoso combattimento, quando il nemico era riuscito a penetrare nelle linee, minacciando il fianco di un nostro Battaglione, alla testa dei suoi si lanciava al contrassalto. Ferito ad un braccio rifiutava ogni soccorso e fasciatosi sommariamente, continuava con immutato slancio ricacciando l'avversario all'arma bianca. Mentre, ritto innanzi a tutti, difendeva a bombe a mano la posizione da rinnovati più furiosi assalti, una raffica di mitragliatrice lo abbatteva. Ai bersaglieri accorsi in suo aiuto rispondeva in un supremo sforzo sollevando in alto il piumetto: «Me l'ha donato mio padre, diteglì che l'ho portato con onore». Magnifica figura di soldato, che nella luce del sacrificio consacra ed esalta il fascino della più pura passione bersaglieresca. Fronte russo – Bobrowskij, 3 agosto 1942.*
Bruno Carloni era figlio di Mario, che avrebbe comandato il 6° Bersaglieri a partire dal 22 ottobre. Prima di partire per la Russia, il Colonnello Carloni aveva dato al figlio, perché lo portasse sul suo elmetto, il piumetto del nonno, morto nella guerra del 1896.

Cadevano anche il T. Col. Rivoire (Medaglia d'Argento al VM), il bersagliere laziale Bernardino Leoni, che esaurite le munizioni si lanciò contro i sovietici scagliando pietre (Medaglia d'Oro al VM alla memoria[55]) e numerosi altri ufficiali.

I caduti vennero sepolti nel IV cimitero di Verchn Fomichinskij.

Dopo lo sfondamento avversario del settore tenuto dall'indebolito *Infanterie-Regiment 278* tedesco, i Bersaglieri del 6° Reggimento respinsero truppe appartenenti alla 124ª e alla 36ª Divisione appoggiate anche da carri medi *T-34/76*, che gli italiani videro per la prima volta (31 luglio-1 agosto). I carri della 652ª Brigata corazzata indipendente attaccarono quota 201 con 24 *T-34* e quota 176 con 15 carri leggeri *T-70*; per ovviare alla mancanza di mezzi anticarro i Bersaglieri del XIII/6° si divisero in piccoli gruppi, sfruttando il terreno e lasciandosi sorpassare dai carri armati nemici, per poi eliminare le fanterie avversarie che seguivano i corazzati e attaccare i mezzi isolati con mine e bottiglie incendiarie, mentre il I ed il II Gruppo del 120° Reggimento Artiglieria intervenne contro i carri avanzanti distruggendo 15 tra *T-34* e *T-70* e mettendone fuori uso numerosi altri. Alla fine del ciclo operativo la 652ª brigata perse 47 carri su 50 ad opera degli italiani della *Celere*: 35 distrutti dall'artiglieria e dai Bersaglieri, e 12 abbandonati nelle acque del Don[56].

Il 6 agosto Hollidt, comandante del *XVII Armee-Korps* (da cui dipendeva temporaneamente la *Celere*) ordinò a due Battaglioni Bersaglieri (XIII e XIX entrambi del 6°) e a elementi tedeschi (*1./208* e *3./212*, *79. Infanterie-Division*) di rastrellare la foresta dai russi della 304ª Divisione, nonostante il parere sfavorevole del comando della *Celere*, vista la situazione fisica dei suoi reparti, che da mesi non avevano ricevuto il cambio. Dopo ore di combattimenti individuali nella foreste, e malgrado aver raggiunto in due punti le rive del Don, gli italo-tedeschi dovettero ritirarsi dopo che, nottetempo, truppe d'assalto sovietiche erano riuscite ad infiltrarsi tra le posizioni dell'Asse.

La *Celere* aveva dunque conseguito ottimi risultati nell'ambito dell'operazione *Fall Blau*[57], guadagnandosi molti elogi da parte tedesca ma subendo pesanti perdite.

Il comandante della *79. Infanterie-Division* affermò a proposito dei combattimenti del 30 luglio:

Voi Bersaglieri siete meravigliosi. Pur senza mezzi adeguati avete fermato i carri sovietici. Nelle vostre condizioni, noi tedeschi stessi non avremmo potuto combattere neppure un giorno di guerra[58].

---

55 Con la seguente motivazione:
Porta arma tiratore, durante un aspro combattimento, caduto il proprio caposquadra, di sua iniziativa, ceduta l'arma ad un altro tiratore, assumeva il comando dei superstiti rivelando doti di carattere e di capacità non comuni. Pronunziatosi un secondo e più violento attacco di preponderanti forze nemiche, sereno, sprezzante del pericolo, incitava i compagni alla resistenza. Caduto il tiratore, portava l'arma sul ciglio della postazione per meglio colpire, la manovrava con rara abilità, falciando gli assalitori. Esaurite le munizioni, pressato da vicino da ondata avversaria sempre rinnovantesi avendo quasi tutti i compagni morti o feriti, all'impiedi sulla contesa trincea scagliava tutte le sue bombe a mano. Ferito, sanguinante in più parti del corpo ed esaurite anche le bombe, si proiettava contro il nemico al grido di "Savoia" lanciando pietre. Immolava, sublime olocausto, la sua animosa e fiera giovinezza in un supremo anelito di vittoria. Fronte russo - Bobrowskij, 3 agosto 1942.

56 Messe 1954, p. 258.

57 Nome in codice dell'offensiva estiva tedesca del 1942 nel sud della Russia.

58 Cit. in R. Zizzo, *1942-1943. La tragedia dell'ARM.I.R. nella Campagna di Russia*, Campobasso 1996, p. 96 [in effetti l'arma controcarro standard dei reparti italiani rimase sino al 1943 il cannone da *47/32*, praticamente inefficace contro i carri medi e pesanti sovietici e Alleati. Questa lacuna da parte italiana di dotarsi di armi controcarro rispondenti all'evoluzione dei mezzi corazzati ebbe gravi conseguenze per le nostre truppe nei vari teatri di guerra dove operarono. Anche nel 1943-1945, i soli pezzi controcarro efficaci in dotazione alle FF.AA. della RSI da una parte, e del Regio Esercito dall'altra, furono di produzione straniera: i *PAK 40* tedeschi e i *6 e 17 Pdr.* inglesi rispettivamente, NdE].

Il 28 luglio Stalin ordinò di non cedere più un metro della Madrepatria, puntando sul nazionalismo per coalizzare i sovietici contro gli invasori[59]; l'Armata Rossa, mentre la *Wehrmacht* declinava quantitativamente e qualitativamente, si andava evolvendo verso un'organizzazione totalmente diversa da quella del 1941: la reintroduzione dei distintivi di grado di tipo tradizionale sulle uniformi, la designazione delle unità scelte come *della Guardia* seguendo la tradizione zarista, l'abbandono della propaganda internazionalista per quella patriottica, ebbero forti riflessi collettivi sulla psicologia del popolo. La guerra non era più una guerra comunista, ma una guerra russa, *La grande guerra patriottica*, nel solco di Aleksander Nevskij, di Pietro il Grande e di Kutusov. Hitler non era più solo il *nemico fascista*, ma anche il nuovo Napoleone da respingere.

Anche il trattamento inflitto in molti casi dai tedeschi alla popolazione, che pure li aveva accolti come liberatori, inasprì l'atteggiamento dei russi.

Intanto alla fine di luglio le forze dell'Asse avevano raggiunto la riva del Don, e mentre la *6. Armee* puntava su Stalingrado impantanandosi in una lotta feroce sulle rive del Volga, all'ARM.I.R., ai rumeni della 4ª Armata e agli ungheresi della 2ª venne affidata la difesa delle rive del Don.

Le truppe di Messe dovevano presidiare un settore lungo oltre 180 chilometri in linea d'aria, ma in realtà lungo le sponde piene di anse del Don lo schieramento doveva coprirne 270; tale settore era delimitato ad ovest dal meridiano di Jelanskoie ed ad est dal punto corrispondente a dove, sull'opposta riva, il fiume Choper s'immette nel Don.

Lo schieramento dell'ARM.I.R. era quantomeno infelice: uno spreco di forze se il settore non fosse stato investito, troppo poche se fosse avvenuto il contrario. Gli italiani avevano sulla sinistra la 2ª Armata ungherese, sulla destra la 6ª tedesca e le rumene 3ª e 4ª e di fronte la 63ª Armata sovietica. Le Divisioni tedesche erano inframmezzate a quelle italiane per rafforzare lo schieramento: lo schieramento dell'8ª Armata risultava dunque il seguente (da nordovest a sudest): II Corpo d'Armata: *294. Infanterie-Division*; Divisione *Cosseria*; Divisione *Ravenna*; *XXIX. Armee-Korps*: Divisione *Torino*, *62. Infanterie-Division*; XXXV Corpo d'Armata: Divisione *Pasubio*; Divisione *Sforzesca*[60]; quest'ultima Divisione costituiva con il suo 54° fanteria *Umbria* l'ala destra di tutto lo schieramento (ed il mettere truppe senza esperienza di combattimento contro i sovietici in una posizione così importante fu un errore pagato poi caro).

A destra della *Sforzesca* era schierata la *79. Infanterie-Division*, appartenente al *XVII Armee-Korps* del generale Hollidt, estrema ala sinistra della *6. Armee* di Paulus.

Per un'estensione di circa 30 chilometri verso oriente sulla riva destra del Don, dal punto prospiciente il punto in cui il Choper si getta nel Don sino alla vasta ansa che il Don forma a Serafimovitch la sorveglianza della riva era affidata solo ad un gruppo esplorante formato da uno squadrone di cavalleria (colonna Conforti), una compagnia ciclisti ed una di pionieri, distribuiti in pochi chilometri di sbarramenti arretrati assai discosti dal fiume ed ampiamente intervallati tra di loro. Infatti il comando dell'*Heeresgruppe B* aveva ritenuto che il Don fosse in quel tratto inguadabile e considerava sicura l'area.

In una simile situazione, i sovietici finivano per trovarsi padroni non soltanto della riva sinistra del fiume, ma anche della destra, dove continuavano ad avere in mano la testa di ponte dell'ansa di Serafimovitch e quella della foresta tra Bobrowskj e Baskowskj, da dove lanciavano continui

---

[59] S. Merrit Miner, *Stalin's Holy War. Religion, Nationalism and Alliance Politics, 1941-1945*, Raleigh NC 2006.

[60] Comandata dal Gen. C. Pellegrini comprendeva il 53° e 54° Reggimento Fanteria *Umbria* ed il 17° Reggimento Artiglieria motorizzato.

attacchi di pattuglie contro gli italiani, ma anche dei villaggi della fascia rivierasca, da cui si erano andati estendendo in profondità verso sud specialmente a ridosso della linea di giunzione tra la *Sforzesca* e la *79. Infanterie-Division*.

Data la situazione di contatto tattico assai incerto tra il XXXV Corpo italiano ed *17. Armee-Korps*, le truppe sovietiche disponevano di un ottima base di partenza per condurre attacchi e puntate offensive contro il XXXV Corpo.

Per parare la minaccia Messe dispose che le riserve di Corpo d'Armata, ossia le Camicie Nere del Raggruppamento *3 Gennaio* (esclusa la Legione Croata, passata alle dipendenze tattiche della Divisione *Pasubio*) e il Raggruppamento a cavallo gravitassero sulla destra dello schieramento.

Anche il comando della Divisione *Sforzesca* provvide a proteggere la propria linea schierando due battaglioni del 54° fanteria facenti fronte a nord verso la riva del Don, e disponendo il terzo fronte ad est per fronteggiare una possibile infiltrazione sul fianco.

Il nemico tra il 12 ed il 20 agosto effettuò, come sempre prima di un'offensiva, alcune incursioni contro lo schieramento italiano, che, per quanto di limitata portata costarono agli italiani una decina di morti e numerosi feriti.

Scopo era quello d'individuare il punto più debole dello schieramento per tentare uno sfondamento: tale punto venne individuato nel settore tenuto dal 54° Reggimento della *Sforzesca*.

Dopo una serie continua di puntate esplorative da parte avversaria il 20 agosto i sovietici attaccarono in forze.

Alle due e trenta del mattino i sovietici attaccarono il 54° Reggimento *Umbria* con tre reggimenti della 197ª Divisione fucilieri, l'828°, l'862° e l'889° fanteria.

Si trattava di truppe traghettate sulla riva del Don nel settore che gli italiani credevano presidiato dai soldati dell'*Inf.-Rgt.* 79, ma che questi avevano lasciato sguarnito senza avvertire il comando della *Sforzesca*.

I combattimenti s'accesero in particolare presso il villaggio di Simowskij, tenuto dagli uomini del tenente Colonnello Spighi, che riuscirono a respingere due attacchi sovietici.

Un terzo attacco iniziò alle sette, penetrando nelle linee del II Battaglione e mettendolo in fuga, ed aggirando ed attaccando alle spalle i villaggi di Simowskij e Krutowskij, ed alle otto e trenta il I Battaglione del 54° evacuò il settore di Simowskij. Le perdite italiane furono gravissime: di 684 uomini, ne rientrarono nelle proprie linee solo 72.

La situazione impose di impegnare in linea il III/54°, già schierato fronte ad est che venne rilevato dal LXIII Battaglione *M* che Messe aveva messo a disposizione del comando della *Sforzesca*.

Il LXIII *M* prese immediatamente posizione con fronte a nord-est lungo il margine della *balka* che da Krutowskij si dirige a sud; all'azione delle Camicie Nere si unirono i dragoni del *Savoia Cavalleria* della Colonna Conforti ed una Batteria ippotrainata; ciò che riuscì ad impedire ai fucilieri della 197ª di dilagare alle spalle della *Sforzesca* circoscrivendo l'occupazione nemica in attesa di un contrattacco per eliminarla. A tale scopo Messe pose alle dipendenze della Divisione Sforzesca anche il LXXIX Battaglione *M* e la 1ª Batteria del 201° Artiglieria. Solo alle 15.30, tredici ore dopo l'attacco, il II Battaglione del 54° riuscì a sottrarsi all'accerchiamento.

I veterani ricordarono come ovunque si vedessero fuggiaschi del 54° Reggimento: per tale motivo i sovietici ribattezzarono con disprezzo la *Sforzesca* "*Cikay divizijon*", "Divisione scappa".

Nel frattempo i sovietici continuavano a traghettare uomini dalla riva sinistra, tra cui truppe scelte della 14ª Divisione della Guardia.

La strenua resistenza del Gruppo *Tagliamento* evitò il peggio, e quindi elementi del Gruppo, della *Pasubio*, del *179. Infanterie-Regiment* (*62. Infanterie-Division*) e del 3° e 6° Bersaglieri passarono al contrattacco.

In una rievocazione della battaglia apparsa sul sito internet del 125° Corso Allievi Ufficiali di Complemento della Scuola Alpina Militare di Aosta viene data una vivida descrizione dei combattimenti sostenuti dalle Camicie Nere del LXXIX Battaglione *M* nella notte del 21 agosto, descrizione che vale la pena di essere riportata per esteso:

Intanto quelli della *Tagliamento* continuavano a resistere sotto i colpi: decimati, distrutti, a pezzi, ma miracolosamente tenevano ancora duro.

"*Sentivamo distintamente*" dice Gualtiero Lolli, [...] caporale del II Squadrone [del *Savoia Cavalleria*, N.d.A.] [...] "*nel fragore del combattimento le urla -Urrà Stalin- dei Russi che andavano all'assalto. Era già notte, ma a causa dei mortai e delle mitragliatrici ci si vedeva come di giorno: li stavano massacrando tutti...*"

"Quelli della *Tagliamento,* dunque, pagano di persona il cedimento della *Sforzesca*.

"Sono quattro gatti, che con le unghie e coi denti si difendono rabbiosamente.

"Nelle tenebre squarciate dai lampi s'intravede ogni tanto un elmetto al di sopra della mischia, contro il quale s'accaniscono le traccianti nemiche.

"Armato di solo moschetto, quell'ignoto trova ancora la forza di prendere accuratamente la mira, guardando la direzione da cui arrivano le traccianti; spara e colpisce, spara e colpisce, senza soluzione di continuità, finché si abbatte anche lui sopra il cadavere degli altri, dei commilitoni.

"Quanto più a lungo dura, per una miracolosa forza di volontà, la lotta dei ragazzi della *Tagliamento*, con tanta maggiore rabbia si accaniscono i Russi sopra quelle posizioni [ai fucilieri dell'889° Reggimento, 197ª Divisione si erano intanto aggiunte anche aliquote della 14ª Divisione fucilieri della Guardia, NdA].

"Li si vede chiaramente accorrere a frotte, in quel buio [rotto] dai bagliori accecanti, dalle vampe che tingono di bluastro e di giallo il cielo, con il fumo degli scoppi a riflettere bizzarramente il lampo delle esplosioni. I Russi paiono sbronzi[61,] tanto si fanno sotto, si buttano correndo con il *parabellum* agitato da destra a sinistra a vomitare traccianti. I ventagli delle traiettorie fanno dei curiosi effetti di luce, dei ricami geometrici, delle linee appena paraboliche, quando il colpo si perde lontano.

"Come i gatti dalle sette vite quei coraggiosi resistono al Russo.

"Nella fretta spasmodica non c'è tempo di distinguere fra chi viene avanti sparando e chi alza le mani in segno di resa: può essere un trucco per farti cacciare il naso fuori dalla buca e stenderti secco. Si spara, quindi, finché si può, finché ci sono munizioni oppure si è ammazzati come bestie dal nemico avanzante.

"*Dalle balke si alzavano i bagliori delle cannonate*", racconta Nino Malingambi, sempre del II Squadrone, al già citato Lami62, "*Si sentiva gridare distintamente:* mamma! Aiuto! Savoia! Italia!... *Erano quelli della* Tagliamento *che avevano ricevuto l'ordine di non ripiegare* comunque63.

Il sacrificio dei militi del LXXIX aveva evitato che i fucilieri sovietici dell'889° Reggimento e della 14ª *Guardie* avvolgessero l'ala destra dello schieramento italiano.

I legionari avevano tenuto fede sino all'ultimo al loro inno, combattendo davvero *sino all'ultimo respir*.

---

61   In effetti, prima degli assalti ai soldati sovietici veniva spesso somministrata vodka.
62   L. Lami, *Isbushenkij l'ultima carica*, Milano 1970.
63   L'intero articolo è rintracciabile sul sito della Scuola Militare Alpina di Aosta, 125° Corso A.U.C.: AAVV, *Il Cuneese brulicava di Alpini...* www.smalp125.org/index.php?module=subjects&func=viewpage&pageid=121.

La carica di Isbushenskij

Il 24 agosto si svolse la celeberrima carica di Isbushenskij64.
Protagonista di una delle ultime cariche della cavalleria italiana fu il 3° Reggimento *Savoia Cavalleria* comandato dal Colonnello conte Bettoni di Cazzago.
Il comando divisionale aveva disposto che il Reggimento occupasse quota 213, una sommità presso Isbuscenskij da cui si potevano controllare i movimenti dei sovietici, ma i russi la tenevano costantemente sotto il tiro del mortaio.
Quando giunse la notte, Bettoni fece accampare il *Savoia* in un avvallamento sottostante. Gli Ufficiali Abba e Manusardi, quest'ultimo da poco nominato Maggiore e assegnato al Comando di Battaglione, criticarono la posizione scelta, troppo esposta, e per evitare possibilità di imboscate fece battere dai cavalli i campi di grano immediatamente circostanti che costituivano dei luoghi ideali per il mascheramento delle fanterie avversarie. Al centro dello schieramento si trovavano la *Balilla* del comando, i carriaggi e gli anticarro. I pezzi dell'artiglieria montata furono disposti in direzione di quella quota 213 che avrebbe dovuto essere occupata; tutt'intorno furono piazzate le mitragliatrici.
La mattina seguente, il 24 agosto, il *Savoia Cavalleria* avrebbe festeggiato il 250° anniversario della costituzione del Reggimento.
Il Reggimento *dei Dragoni neri* era stato fondato nel 1692, da Gian Michele Piossasco de' Rossi (1674-1751), capitano della seconda compagnia della Guardia del Corpo, poi Colonnello di cavalleria, tenente maresciallo e quindi promosso generale di cavalleria e dei dragoni, Gran Scudiere, fondò il Reggimento per conto del duca Vittorio Amedeo II.
A Piossasco succedettero i nomi più belli della nobiltà sabauda, fra cui Adalberto di Savoia Genova, duca di Bergamo, dal 1931 al 1934 comandante del Reggimento, e il conte Raffaele Cadorna, figlio del *Generalissimo* e futuro comandante del CLN. Quest'ultimo aveva forgiato il *Savoia* che affrontò il secondo conflitto mondiale.
Alle 3,30 il sergente Comolli uscì in pattuglia. La sera prima era stato segnalato un carro agricolo da cui sembrava uscire un qualcosa di metallico e i dragoni erano stati mandati avanti a controllare. Il gruppo aveva già percorso due chilometri quando aveva individuato il carro, ma tutto era tranquillo. Ad un tratto Comolli sentì un movimento fra i girasoli, poi vide spuntare un elmetto con la stella rossa in fronte.
Fu l'appuntato Petroso a sparare. Colpì il sovietico in mezzo agli occhi, ma a quel momento tutta la campagna si animò all'improvviso con i fucilieri che, vistisi ormai scoperti, aprirono il fuoco. I dragoni cercarono di trarsi in salvo correndo fra le raffiche nemiche e quando giunsero all'accampamento quasi tutti i loro commilitoni stavano ancora dormendo. Intorno a loro 2000 siberiani avevano scavato, nella notte, trincee a semicerchio per circa un chilometro.
Ora i fucilieri sovietici stavano tendendo al *Savoia* quell'imboscata tanto temuta la sera precedente da Manusardi, e si trovavano a non più di 800 metri.
Il maggiore Albini e il capitano Solaroli di Briona avevano già fatto intervenire l'artiglieria, ma il nemico sparava da una posizione favorevole. Il Colonnello Bettoni si rese allora conto che se vi era ancora una speranza era l'attacco. Il capitano De Leone, da poco succeduto a Manusardi, ricevette l'ordine. Radunati gli ufficiali del secondo squadrone, De Leone diresse con i suoi dragoni diritto sul nemico.
Manusardi, che osservava la scena dal comando e aveva compreso l'intenzione di De Leone

---

64   La seguente ricostruzione della carica del *Savoia Cavalleria* è tratta da *Il mito di Isbuscenskij*, di Matteo Sommaruga, pubblicato su "Storia in network" n. 45-46, luglio-agosto 2000, NdE.

di condurre la carica, fremeva impaziente per non trovarsi con i suoi. Oltretutto pochi giorni prima gli avevano ucciso l'ultimo cavallo e ora si trovava appiedato.
Se ne fece portare un altro e si raggiunse lo squadrone che aveva comandato fino a poco tempo addietro. Vennero dati i comandi *Trotto!*, *Galoppo!* poi lo *Sciabl-man!* e venne ordinata la carica.
Al comando *Caricat!* rispose l'urlo di *Savoia!*
Quando i dragoni irruppero fra le trincee e i nidi di mitragliatrici sovietici fu il finimondo. Si vedevano crollare a terra cavalli che, già morti, avevano continuato al galoppo anche per centinaia di metri. Anche De Leone si trovò appiedato, e l'attendente portò un altro cavallo. Anche questo però stramazzò nella polvere e l'ufficiale, afferrata un'arma, decise di combattere a oltranza, di farsi uccidere pur di non arrendersi.
L'attendente lo seguì. Il secondo squadrone era ora guidato da Manusardi, il suo vecchio comandante. I russi uscirono dalle loro posizioni e la lotta si fece più accanita soprattutto perché, non trovandosi i sovietici impegnati verso altre direzioni, ne approfittavano per voltarsi e colpire gli italiani alle spalle.
Il caporale Lolli si trovò appiedato a sua volta, ma il cavaliere Valsecchi se ne accorse e riuscì a portarlo in salvo.
Nel frattempo erano uscite dalle trincee gruppi di donne soldato che al grido di *Uray Stalin!*, incitavano i soldati come delle forsennate. I fendenti delle sciabolate non erano meno micidiali dei colpi di *Ppsh*, soprattutto se le lame erano quelle delle pesanti sciabole cosacche, preda di guerra, in grado di spaccare in due un elmetto. Superata la metà dello schieramento nemico Manusardi diede l'alt e decise di tornare indietro, in soccorso a De Leone. In effetti proseguire sarebbe stata solo una sanguinosa pazzia. Bettoni nel frattempo mandava avanti il quarto squadrone appiedato, il capitano Abba al centro, i mitraglieri di Compagnoni sulla sinistra, Toja sulla destra, il sottotenente Rubino col plotone di riserva. Occorreva impegnare la fronte del nemico per alleggerire la pressione sugli uomini del secondo squadrone, che avrebbero altrimenti rischiato perdite troppo elevate.
Avanzando incontro ai russi, Rubino fu falciato da una raffica di parabellum, colpito a una gamba, pur zoppicante, proseguì. Un altro colpo gli passò un polmone, ma, pur gravemente ferito e incapace di muoversi, diresse il plotone fino alla fine del combattimento. I russi si erano nel frattempo riparati intorno a un gruppo di macchine agricole abbandonate. Mannozzi, del gruppo di Toja, l'unico ancora in grado di avanzare, si gettò con le bombe a mano contro un nido di mitragliatrici, ma, colpito nel petto dal tiro nemico, cadde a pochi metri. Il secondo squadrone nel frattempo stava eseguendo, in perfetto ordine, la seconda carica. Un'operazione che solo un reparto ben addestrato è in grado di compiere. Il furore della lotta non diminuiva di tono, ma qualcuno fra i russi iniziava a cedere.
Manusardi terminò anche la seconda carica e Bettoni inviò il terzo squadrone del capitano Marchio. Marchio puntò dritto sulla fronte dello schieramento sovietico e nel vederlo, il maggiore Litta lo seguì con una decina di uomini, senza neppure attendere il permesso del Colonnello.
Litta morì sotto il tiro incrociato del fuoco dei siberiani, ma, di fatto, il suo sacrificio distolse l'attenzione dei russi dal terzo squadrone di Marchio.
Questi ferito a entrambe le braccia, cavalcava stringendo con le ginocchia.
Come il terzo squadrone passò il quarto, Abba si spostò sulla sinistra, ma fu a sua volta falciato dalle mitragliatrici russe. Ormai lo scontro era al termine e i sovietici volgevano in fuga, ma

al comando c'era ancora chi, come lo stesso Bettoni, considerava un grande sacrificio essersi astenuto dalla carica. Il tenente Genzardi, l'alfiere, aveva sciolto lo stendardo del Reggimento.
Il *Savoia* aveva caricato, per l'ultima volta.
Ai sovietici lo scontro costò 150 morti, 300 feriti, 500 prigionieri, fra cui un comando di Battaglione, 4 cannoni, 10 mortai, 50 mitragliatrici e centinaia di fucili.
Il *Savoia Cavalleria* aveva perso 32 dei suoi migliori uomini, fra cui 3 ufficiali, 52 rimanevano feriti e 100 cavalli erano ormai fuori combattimento. Quell'ultima giornata di gloria valse al Reggimento 54 medaglie d'argento, la medaglia d'oro per il maggiore Litta, il capitano Abba e lo stendardo.
Ma l'onda sovietica pareva inarrestabile: l'Armata Rossa era riuscita a far passare il Don a ventisette battaglioni della 197ª e 203ª Divisione fucilieri e della 14ª Divisione della Guardia, il che portò ad un arretramento della linea italiana sulle posizioni di Jagodny e Tchebotarewskij malgrado la strenua resistenza delle CC.NN. del *Tagliamento* attestate sulla quota 232 di Tchebotarewskij.
Il 25 settembre la 14ª della Guardia conquistò il caposaldo di Tchebotarewskij tenuta dal Gruppo *Tagliamento* e dai resti del I/54° (in tutto meno di un migliaio di uomini) e la linea italiana parve sul punto di collassare anche a Jagodny il 28, ma quando la collina 187, presidiata dai Bersaglieri del XXV, stava per cadere nelle mani di tre Reggimenti sovietici (610°/203ª Div., 619°/203ª, 889°/197ª), un violento contrattacco degli Alpini sciatori del *Monte Cervino* ristabilì la situazione, e i sovietici ripiegarono senza fare altri tentativi contro Jagodny.
Ma il punto di svolta fu l'arrivo degli Alpini della *Tridentina*; richiamati in gran fretta dalla marcia verso il Caucaso, dove era stato inizialmente deciso di schierarli data la natura montuosa di quel fronte, fecero pendere l'ago della bilancia dalla parte degli italiani, e i sovietici vennero respinti nella controffensiva terminata vittoriosamente il 1° settembre.
La *Tridentina* fu la prima divisione alpina a raggiungere la linea del Don; come si è detto inizialmente sarebbe dovuta essere impiegata nel settore meridionale, in seno all'*Heeresgruppe* A, partecipando all'avanzata nel Caucaso. Per l'indisponibilità di mezzi di trasporto, che avrebbero dovuto essere messi a disposizione dai tedeschi, dal 16 agosto gli alpini avevano iniziato il trasferimento a piedi, quando, durante la marcia di trasferimento, i germanici si videro costretti a modificare i propri piani ed a dirottare la *Tridentina* verso il settore del XXXV Corpo di Messe per arginare l'offensiva sovietica.
Gli alpini vennero perciò impiegati immediatamente dopo l'arrivo in linea.
Il 6° Alpini subì numerose perdite nel corso del contrattacco del 1° settembre, perché i reparti tedeschi (elementi della *79. Infanterie-Division* con carri del *Panzer-Regiment 22*) che avrebbero dovuto affiancare l'azione sulla destra non si mossero; ma anziché avvertire, comunicarono che gli obbiettivi *erano stati presi.*
Come risultato il 6° Alpini si spinse troppo avanti vendo attaccati sul fianco scoperto e subendo forti perdite..
La Prima battaglia difensiva del Don s'era conclusa vittoriosamente per gli italiani, ma con forti perdite[65]; inoltre i sovietici continuavano a tenere numerose teste di ponte sulla riva destra del Don.
Al termine della battaglia il Generale von Tippelskirch, a nome del comandante dell'*Heeresgruppe* B von Weichs decorò nel corso di una cerimonia tenuta a Gorbakowo il 28 settembre, quaranta combattenti italiani con altrettante Croci di Ferro di 1ª e 2ª classe, tenendo il

---

[65] L'ARM.I.R. ebbe 2.704 tra morti e dispersi (tra cui 139 ufficiali) e 4.212 feriti.

seguente discorso:
La tenace resistenza delle truppe italiane impegnate nella battaglia, ed operanti da sole, ha non soltanto frustrato le intenzioni del nemico di sfondare il fronte, ma ha anche resi vani i suoi sforzi per attrarre altre forze per alleggerire il fronte di Stalingrado dall'incessante pressione germanica.
Vi ringrazio a nome dell'esercito tedesco e di tutti i camerati germanici impegnati sul fronte di Stalingrado per il vostro spirito combattivo e per la vostra tenacia.

Nei tre mesi che intercorsero tra quella che gli italiani chiamarono prima battaglia difensiva del Don e la seconda (per i sovietici *Operazione Piccolo Saturno*) si ebbero continui scontri di pattuglie di piccola entità (con qualche eccezione, come i combattimenti tra l'11 ed il 12 settembre), e l'Armata si dedicò ad apprestare le posizioni in vista della sosta invernale, a ripianare le perdite ed ad inserire in linea il Corpo d'Armata Alpino.
L'undici settembre, come accennato, i sovietici attaccarono le posizioni italiane a sud dell'ansa di Verch Mamon (o del "Berretto Frigio") nel tratto tra Dereskowa e Solonzysu, lungo un fronte di una ventina di chilometri.
Sulle linee tenute dalla Divisione *Cosseria* l'attacco venne respinto dai fanti del III° Battaglione dell'89° Reggimento *Salerno*, mentre sul fronte della *Ravenna* i sovietici del 412° Reggimento fucilieri Guardie attaccarono il 37° fanteria mettendolo in difficoltà, sino all'intervento delle Camicie Nere del Raggruppamento *XXIII Marzo* composto dai Battaglioni *M* V, XXXIV (Gruppo CCNN *M Valle Scrivia I* e *II*) e XV (Gruppo CCNN M *Leonessa I*).
I Legionari del *XXIII Marzo* riuscirono dopo aspri scontri a ristabilire la situazione, ed il 12 settembre i sovietici evacuarono la riva destra del Don.
Nei giorni successivi giunse in linea anche il Corpo d'Armata Alpino che si schierò all'estremità nordoccidentale della linea italiana. Ad esso si unì la *Tridentina*, che era già arrivata in linea nelle ultime fasi dell'offensiva sovietica, e che dovette effettuare uno spostamento di 400 chilometri da sud a nord per unirsi alla *Julia* ed alla *Cuneense* le quali, intanto, si erano schierate tra Pavlowsk e Nikolajewka in sostituzione della *294. Infanterie-Division* germanica.
Al termine del ciclo di operazioni dell'estate venne concordato, all'interno del Gruppo di Armate B, lo schieramento dell'ARM.I.R., che sarebbe stata schierata tra la 2ª Armata ungherese e la 3ª Armata rumena, in direzione nord-ovest / sud-est con la seguente dislocazione delle truppe, comprese divisioni tedesche a fare da *stecche di balena* per rinforzare le divisioni italiane, il cui armamento era sempre meno adeguato a quelli del nemico, soprattutto dopo la comparsa dei *T-34*, ed anche per i cedimenti di talune unità di fanteria italiane, che avevano preoccupato i comandi germanici:

- Corpo d'Armata Alpino, con le divisioni *Tridentina*, *Julia*, *Cuneense*, ed in seconda schiera la *294. Infanterie-Division* tedesca;
- II Corpo d'Armata, divisioni *Cosseria* e *Ravenna*;
- XXXV Corpo d'Armata, con le divisioni *Pasubio* e *298. Infanterie-Division*, e la *Celere* in seconda schiera;
- XXIX Corpo d'Armata, con le divisioni *Torino*, 62. *Infanterie-Division* e in seconda schiera la divisione *Sforzesca*[66].

Venne intrapresa la costruzione di una linea difensiva adatta all'inverno, con lo scavo di trin-

---

[66] Lo schieramento venne poi modificato nel dicembre, alla vigilia dell'offensiva sovietica, con l'arrivo delle divisioni *Vicenza* e *27. Panzer-Division* (pesantemente sotto organico).

cee e l'erezione di casematte ed alloggiamenti riscaldati, in attesa di riprendere in primavera la spinta offensiva verso oriente.

Nel frattempo erano aumentati i contrasti tra Messe e Gariboldi e tra il comandante del XXXV Corpo e i tedeschi, di cui non condivideva il comportamento in occasione della battaglia di agosto, ritenendo responsabili i comandi tedeschi di aver lasciato scoperto il fianco della *Sforzesca*, salvo accusarla di aver ripiegato davanti ai sovietici.

Ciò spinse Messe a chiedere di essere avvicendato.

Il 1° novembre Messe lasciò a Zingales (il suo predecessore designato) il comando del XXXV Corpo e partì per la Tunisia, dove avrebbe assunto il comando della *Panzerarmee Afrika*[67,]
ridenominata 1ª Armata italiana.

Il comandante di quello che era stato lo C.S.I.R. indirizzò in quella data il proprio messaggio di congedo:

Da oggi lascio il comando del XXXV Corpo d'Armata (CSIR) all'Eccellenza il generale Francesco Zingales.
Vi assicuro che provo un profondo dolore dall'allontanarmi dai valorosi del vecchio CSIR e da coloro che, venuti dopo la durissima campagna invernale, hanno tenuto con onore il posto nei ranghi del XXXV Corpo d'Armata.
[...] Miei valorosi! La Patria vi deve molto. Tornandovi potrete dire: io ero del vecchio CSIR e del XXXV Corpo![68]

---

67   A.C.I.T., Armata Corazzata Italo-Tedesca.
68   Con amarezza viene in mente quanto narrato da Carlo Mazzantini:
Fu il 21 dicembre 1943 all'imbrunire di una giornata grigia e nebbiosa, sulla piazza della città di Borgosesia, in Piemonte. I corpi di quei miei giovani commilitoni diciannovenni stavano riversi sul tavolato di un camion [...]
All'asola della giubba di quei due morti stava il nastrino rosso con la riga nera in mezzo della "croce di ghiaccio". Cioè la decorazione che veniva concessa a chi partecipava alla campagna di Russia [...] Infatti quei due commilitoni un anno e mezzo prima poco più che diciassettenni, trascinati dal clima di entusiasmo patriottico e guerriero che percorreva la penisola, si erano arruolati volontari in un reparto di Camicie Nere ed erano partiti per il fronte del Don. [...]
Poi l'ansa del Don, i capisaldi nella neve, lo schianto delle katiusce, l'offensiva russa, la ritirata nella steppa, le centomila gavette di ghiaccio. Al valico del Brennero, al rientro in Italia di quel raggruppamento [si riferisce al Raggruppamento CCNN M *23 Marzo*] *transitarono poche decine d'uomini [...].*
Come ricompensa per aver ben meritato dalla Patria, ad attenderli, dopo quella tremenda esperienza dalla quale erano miracolosamente riusciti ad uscire vivi, avevano trovato quei due colpi di pistola sparati a bruciapelo nelle strade di quelle città da cui erano partiti tra canti e bandiere, ragazze e fiori, e per uno di essi, Gianni Tartaglio, gli insulti, i calci e gli sputi da parte del suo assassino, preso da un raptus incontrollabile:
-Sporco fascista, assassino, venduto!

(C. Mazzantini, *I balilla andarono a Salò*, Venezia 1995, p. 14).

L'offensiva sovietica MALYÏ SATURN:

la seconda battaglia del Don

Il 12 settembre, a Mosca, Stalin ricevette Zukhov e Vassiliewsky, reduci da un'ispezione dal fronte di Stalingrado.
Stalin chiese di studiare il modo di evitare la caduta della città, ed i due Generali, il giorno successivo, esposero i propri progetti: un'offensiva a tenaglia sui fianchi della *6. Armee*, nei settori tenuti dalle truppe rumene. Stalin si disse d'accordo.
Zukhov ebbe il compito di preparare la parte settentrionale dell'offensiva, e Vassiliewsky quella meridionale.
Durante il lavoro di pianificazione Zukhov si rese conto di come, grazie alle riserve rese disponibili dalle informazioni circa l'atteggiamento non aggressivo dei giapponesi in Manciuria[69], l'Armata Rossa avrebbe potuto sferrare il colpo decisivo contro i tedeschi ed i loro alleati: basti pensare che soltanto tra il Don e Stalingrado furono così ammassati più di un milione di uomini, 1.500 carri armati e 15.500 cannoni!
Zukhov era convinto che l'*Heeresgruppe Mitte* sarebbe potuto essere annientato, ed espose le proprie idee a Stalin, che le approvò, incaricandolo di preparare le offensive in collaborazione con Vassiliewsky. Convenzionalmente, a tali offensive vennero assegnati nomi di dei romani.
L'offensiva contro Stalingrado l'offensiva sarebbe stata denominata *Uranus*.
I Fronti di Sud Ovest e del Don[70] avrebbero attaccato a nord, e, il giorno successivo, anche il Fronte di Stalingrado avrebbe attaccato da sud, puntando all'annientamento della 3ª Armata rumena (Generale P. Dumitrescu) e della 4ª Armata (Generale C. Costantinescu).
La tenaglia si sarebbe chiusa presso Kalach, accerchiando Paulus e la sua *6. Armee*.
Se *Uranus* fosse riuscita come previsto, sarebbe stata scatenata l'operazione *Saturn* contro l'8ª Armata italiana, che avrebbe avuto come obbiettivo finale Rostov, la distruzione dell'*Heeresgruppe B* e l'isolamento del *Heeresgruppe A* nel Caucaso[71].
Al centro, Zukhov pianificò l'operazione *Mars*: i Fronti dell'Ovest e di Kalinin avrebbero annientato il saliente di Rjev, tenuto dalla *9. Armee*.
Se l'offensiva fosse riuscita il Fronte dell'Ovest avrebbe iniziato l'operazione *Iupiter* contro l'*Heeresgruppe Mitte* nella regione di Vjazma.
Mars doveva iniziare prima di *Uranus*, ma ciò venne impedito dalle condizioni meteorologiche, cosicché, quando i sovietici attaccarono, si accorsero che le riserve tedesche erano state spostate verso Stalingrado, e Zukhov decise di estendere l'offensiva anche nel settore di Velikie Luki con un Corpo motorizzato, e, in caso di sviluppi favorevoli, di puntare su Smolensk, distruggendo l'intero *Heeresgruppe Mitte*.
Zukhov riuscì poi a convincere Stalin a lasciare a sua disposizione la 2ª Armata della Guardia, a nord-ovest di Voronez, in previsione di *Iupiter*, anziché destinarla a *Saturn*[72].

---

69   C. Andrew, O. Gordievskij, *KGB. The Inside History of its Foreign Operations from Lenin to Gorbaciov*, London 1990 (pp. 290 segg della trad. It., Milano 1993).
70   Il *Fronte* sovietico corrispondeva all' *Heeresgruppe* tedesco.
71   L'operazione venne ridenominata *Malyï Saturn, Piccolo Saturno*, perchè il piano operativo venne ridimensionato quando Vassiliewsky venne costretto a chiedere l'invio d'urgenza della 2ª Armata della Guardia per contrastare von Manstein e la sua offensiva *Wintergewitter*, tesa ad aprire un corridoio verso Stalingrado. Il nuovo obiettivo sarebbe stato l'annientamento dell'ARM.I.R. e dell'*Heeresgruppe Don*, obiettivo solo parzialmente raggiunto.
72   *Mars* iniziò il 25 novembre, e si concluse il 20 dicembre. Tranne cha a Velikie Luki, i sovietici fallirono tutti gli obbiettivi, perdendo tra il 50 e l'80% degli effettivi, e 1.847 carri.

Si è spesso sostenuto come *Uranus* concentrasse il 60% delle forze sovietiche. Ciò non risponde a verità. I Fronti di Sud Ovest, del Don e di Stalingrado costituivano il 20% delle forze dell'Armata Rossa (1.103.000 uomini, 1.560 carri, 928 aerei e 15.501 cannoni), mentre le forze destinate ad *Uranus* e *Iupiter*, i Fronti di Kalinin e dell'Ovest e la regione difensiva di Mosca, costituivano il 35% (1.890.000 uomini, 3.375 carri, 1.175 aerei e 24.682 cannoni).
Le azioni sovietiche contro gli italiani partivano soprattutto dalle teste di ponte che il nemico aveva creato sulla sponda destra del fiume. L'ARM.I.R. presentava uno schieramento lineare su una fronte estesa per 270 chilometri; l'inadeguata densità di truppe e la scarsità di riserve impedirono una difesa in profondità: malgrado Gariboldi avesse fatto più volte presente la gravità della situazione all'*Heeresgruppe B* (von Weichs), non gli era stata mai prestata la dovuta attenzione[73]. I sovietici erano rimasti in possesso di due teste di ponte sulla riva occidentale del Don: sul fronte del II Corpo d'Armata l'ansa di Verch Mamon, la più vasta, e di una di minore ampiezza nel settore del XXXV, l'ansa di Ogalew, nota agli italiani come ansa del Berretto frigio per la conformazione della riva del fiume.
Di fronte a tale testa di ponte si trovavano schierate le truppe della Divisione *Pasubio*.
Segnalazioni concordi di disertori sovietici e di prigionieri indicavano come probabile una offensiva sovietica nel settore della *Pasubio*, con base di partenza la penisola di Ogalew; tale attacco avrebbe avuto luogo il primo dicembre.
L'attacco (condotto da 400 uomini tratti dai reggimenti di fanteria 408°, 412° e 415° della 1ª Divisione fucilieri nella zona di Globuki Schlucht) fu prontamente respinto dai fanti del III Battaglione del 79° Reggimento *Roma*, ma questa prima puntata offensiva sovietica causò apprensione al quartier generale di Hitler.
Nella riunione delle 8.20 dello stesso giorno così il Generale Jodl[74] espose la situazione al Führer:
Jodl- […] Riguardo agli italiani c'è l'attacco alla Pasubio. Secondo le dichiarazioni dei prigionieri ci sono due divisioni [sic!] disposte qui e qui, ed un forte gruppo qui. Il nemico dovrebbe attaccare la Pasubio da qui e da qui. Stando alle dichiarazioni di un prigioniero, ci sono dietro duecento carri qui. Oltre al 298., che è in allerta, sono stati aggiunti un Battaglione controcarri ed uno di pionieri. Oggi la Luftwaffe ha attaccato questa strada a sud di Kalach.

Il Führer- [Il nemico] deve averne usate molte [sott. truppe] in questi ultimi giorni [75].

Zingales ordinò che il Gruppo *Tagliamento* passasse alle dipendenze della Divisione; esso venne dislocato a Getreide.
I sovietici continuarono ad esercitare una continua pressione tra il due ed il nove dicembre, ciò che faceva presagire un'offensiva nel settore italiano, in modo analogo a quanto era avvenuto in quelli tenuti dalla 4ª Armata rumena prima e dalla 2ª ungherese poi.
Il 19 settembre i sovietici, che avevano spostato sul fronte del Don le truppe sino ad allora tenute

---

73 David Irving ricorda che Hitler era preoccupato per la mancanza di armi anticarro di italiani ed ungheresi sul Don, e *ordinò che fosse immediatamente posto riparo a quell'omissione attingendo al bottino fatto ai francesi*: D. Irving, *Hitler's War*, London 1989 (tr.it. Roma 2001, p. 641) [in effetti qualche misura, seppur insufficiente, fu presa a tale riguardo dall'*OKW*: numeri limitati di cannoni controcarro tedeschi *PAK 97/38* da 75/39 (ottenuto incavalcando il pezzo francese *Schneider modèle 1897* sull'affusto del *PAK 38*) furono dati in dotazione alle Divisioni dell'*ARM.I.R.*, in ragione di una Batteria su sei pezzi per Divisione, e cinque o sei pezzi per Divisione furono consegnati anche alle 3ª e 4ª Armate rumene nell'ottobre 1942; arma dalle caratteristiche balistiche mediocri, efficace nel tiro controcarro solo grazie al munizionamento a carica cava, era comunque in grado di perforare in normali condizioni di combattimento la corazzatura del *T-34*/76, risultando superiore al pezzo anticarro da *47/32* delle unità italiane; NdE].
74 Il *Generaloberst* Alfred Jodl, Capo di Stato Maggiore dell'*Oberkommando Wehrmacht* (*OKW*).
75 H. Heiber, D.M. Glantz (edd.), *Hitlers Lagebesprechungen. Die Protokollfragmenten seiner militärischen Konferenzen 1942- 1945*, München 1962 (tr. ingl. London 2002, pp. 5- 6).

in Siberia e Manciuria per fronteggiare un'eventuale attacco giapponese[76], avevano lanciato nel settore del Don l'*Operazione Uranus*, che mise in rotta la 3ª Armata rumena (Generale P. Dumitrescu) e la 4ª Armata (Generale C. Costantinescu): due giorni dopo l'inizio di *Uranus*, le armate dei generali Vatutin ed Eremenko (rispettivamente comandanti dei Fronti del Don e di Stalingrado) si riunirono a Kalach, circondando ed isolando la *6. Armee* di Paulus a Stalingrado. Tra il 19 novembre 1942 ed il 7 gennaio 1943 i rumeni persero 158.854 uomini: sedici divisioni su diciotto schierate sul fronte del Cir[77].

Per indebolire lo schieramento germanico, i sovietici, dopo la distruzione della 4ª Armata rumena, decisero di colpire i settori tenuti dagli alleati dei tedeschi, meno armati e sprovvisti di adeguate misure contro i corazzati: così gli obbiettivi seguenti furono l'8ª Armata italiana e la 2ª Armata ungherese.

Il punto prescelto fu il settore tenuto dal II Corpo d'Armata, di fronte a dove si congiungevano i settori del Fronte di Voronetz (Generale Golikov) e di quello del Don (Generale Vatutin), che avrebbero agito congiuntamente ed a massa.

Come già a dicembre dell'anno precedente ed ad agosto, l'offensiva sovietica contro gli italiani venne preceduta da una serie locali (1-10 dicembre); l'11 iniziò l'operazione *Piccolo Saturno*.

Sul fronte tenuto dal II Corpo d'Armata, avente in linea le divisioni binarie *Cosseria* e *Ravenna*, ed il Raggruppamento *23 Marzo* (gruppi *Tagliamento* e *Montebello*), contro un totale di 16 Battaglioni di fanteria italiani, uno di Guastatori (XXX), 3 Battaglioni del 318. *Infanterie-Regiment* tedesco, 9 Batterie italiane ed una cinquantina di *Panzer III* tedeschi, attaccarono 90 Battaglioni di fanteria, 25 di fanteria motorizzata, 30 Battaglioni carri con 810 carri armati e 200 lanciarazzi multipli.

In prima schiera:

- *XV Corpo d'Armata:*
Divisioni: 172ª, 350ª, 267ª fucilieri;
- *IV Corpo d'Armata della Guardia*[78]:
Divisioni: 195ª, 41ª fucilieri della Guardia;
- *VI Corpo d'Armata della Guardia:*
Divisioni 44ª, 1ª fucilieri della Guardia;
- *114ª Brigata corazzata:*
Reggimenti carri: 82° e 213°;
127ª Divisione fucilieri (indipendente*)*

In seconda schiera:

- *XVII Corpo d'armata corazzato:*
Brigate corazzate: 66ª, 175ª, 67ª
31ª brigata meccanizzata;

---

76   Ciò era dovuto anche ai rapporti dell'agente Richard Sorge, impiegato all'ambasciata tedesca a Tokio, che era riuscito a dimostrare come il Giappone non avesse alcun interesse ad attaccare l'URSS. Inoltre, i sovietici avevano sviluppato, nello stesso periodo, grandi formazioni di carri, i corpi e le armate corazzate, e, su iniziativa del generale Fedorenko, i corpi meccanizzati, forti di 13.559 uomini appoggiati da 150 carri, equivalenti ad una *Panzer-Division* tedesca.

77   A. Rosselli, "Le forze romene a Stalingrado", *Storia e battaglie* 19 (2002), p.28.

78   L'appellativo *della Guardia* era concesso alle unità che si erano più distinte in combattimento, ed erano le truppe scelte dell'Armata Rossa.

- *XXV Corpo d'armata corazzato della Guardia:*
Brigate corazzate 111ª, 162ª, 173ª della Guardia
16a brigata meccanizzata della Guardia;
- *XVIII Corpo d'armata corazzato della Guardia:*
Brigate corazzate: 110ª, 18ª, 170ª della Guardia
32ª brigata meccanizzata della Guardia;
- *XXIV Corpo d'armata corazzato della Guardia:*
Brigate corazzate 4ª, 154ª, 130ª
24ª brigata meccanizzata della Guardia;

In riserva:

- Divisioni di fanteria 160ª e 35ª della Guardia.

L'attacco contro il fronte della Cosseria, a nord sarebbe stato portato dalla 6ª Armata del Fronte di Voronetz (127ª, 115ª Brigata corazzata, XV CdA, XVII CdA corazzato, 160ª) di Golikov mentre quello contro la *Ravenna* dalla 1ª Armata della Guardia (Generale Kuznetov) del Fronte di Sud Ovest di Vatutin.
Nonostante l'enorme superiorità numerica e in mezzi sovietica, la linea italiana resistette sino al 17, finché cedette come inevitabile. La battaglia si estese per duecento chilometri e l'ala destra dell'ARM.IR., rimasta esposta per il crollo della 3ª Armata rumena, resistette sino al diciannove, dovendo abbandonare le posizioni sino allora difese, ma l'abbandono, dato il ritardo con il quale giunse l'autorizzazione dell'OKW avvenne in una situazione del tutto compromessa.
Von Weichs si prodigò invano per arginare l'avanzata sovietica inviando contro i russi la *27. Panzer-Division*[79], che potè fare ben poco.
Annotò Galeazzo Ciano nel proprio diario in data 13 dicembre 1942:

[...] Quando sono arrivato [a Görlitz, dove doveva incontrare il ministro degli esteri tedesco J. von Ribbentrop] non si è nascosto né a me né ai miei collaboratori il disagio per le notizie della rotta sul fronte russo. Si tendeva apertamente a noi la colpa. Hewel, che vive molto vicino ad Hitler ha avuto con Pansa [vice capo del cerimoniale degli Esteri] il seguente colloquio.
Pansa: "*Had our Army many losses?*".
Hewel."*No losses at all: they are running*".
Pansa: "*Like you did in Moskow last year*".
Hewel: "*Exactly*"

Autori come Frederick W. Deakin o, dall'altra parte, il più recente storico revisionista David Irving, autori con tesi spesso contrapposte ma che condividono un sentimento anti italiano, citano il diario di Ciano, evitando di riportare la risposta di Pansa e l'ammissione di Hewel sulla rotta dei tedeschi a Mosca[80].

---

79   La *27. Panzer-Division* nell'ottobre 1942 era ancora in corso di formazione (peraltro mai completata a causa delle perdite subite nei combattimenti della ritirata): dotata di una dotazione di Panzer piuttosto eterogenea *Pz.Kf.Wg. 38 (t)*, *II*, *III* e *IV* e con mancanti alcune unità Divisionali (la sua forza in uomini era di appena 3.000 uomini) venne divisa in diversi *Kampfgruppe* e impiegata in una miriade di scontri, spesso in appoggio a unità italiane in ritirata. Fu sciolta nel febbraio 1943, e i superstiti versati alla *7.* e *24. Panzer-Division*, NdE.
80   F.W. Deakin, *The Brutal Friendship. Mussolini, Hitler and the Fall of Italian Fascism*, London 1962

Anche nel dopoguerra Paul Schmidt, capo dell'ufficio stampa del ministero degli esteri tedesco, più noto sotto lo pseudonimo di Paul Carell, scrisse che:

Pezzi d'artiglieria e mezzi meccanizzati venivano abbandonati sul posto. Molti ufficiali [italiani] si toglievano i distintivi del grado e cercavano di scappare. E i soldati che senz'altro non dovevano dimostrare più coraggio, gettavano le armi e non pensavano che a fuggire 81.

Come testimonia il diario di Ciano, queste erano in effetti le voci diffuse in ambiente germanico.

Si disse – e Carell riprese le voci – che la *Ravenna* fosse scappata al primo urto, abbandonando armi e materiali: la relazione del nucleo di collegamento tedesco con la Divisione è però categorica: dopo aver riportato lo specchio delle perdite, viene riportato:

Da questa relazione si evince chiaramente che la Divisione "Ravenna" non è semplicemente "scappata" il primo giorno di combattimento come affermato specialmente dalla 298a Divisione di fanteria, ma ha combattuto giorno e notte tra l'11 e il 17 dicembre 1942. Una Divisione di fanteria tedesca avrebbe potuto forse resistere qualche giorno in più nello stesso punto grazie al migliore equipaggiamento ed ad armi migliori, ma alla fine anch'essa sarebbe stata costretta a ritirarsi82.

E si legga quanto scritto nella relazione sui combattimenti sostenuti dagli italiani stesa dal nucleo di collegamento tedesco presso l'ARM.I.R:

Nonostante tutte le carenze e gli errori commessi nel corso della missione, l'affermazione, espressa da diverse parti, secondo cui gli italiani sono semplicemente fuggiti via, non solo è esagerata, ma assolutamente falsa. Non tutte le Divisioni hanno combattuto nelle stesse condizioni, e quindi è difficile dare un giudizio relativo sulla loro attività. Tuttavia meritano una menzione speciale la Divisione Torino (Generale di Divisione Lerici) nel settore destro, la Tridentina (Generale di Divisione Reverberi) e soprattutto la Julia, sotto il comando del Generale di Divisione Eibl, citata nel bollettino di guerra della Wehrmacht83.

Quest'ultima relazione conclude:

Anche se nell'inverno del 1942-43 l'8ª Armata italiana non ha soddisfatto in pieno le aspettative e lo sfondamento in questa zona d'attacco si è rivelato fatale per le operazioni nel settore meridionale, si deve dare il giusto valore alle sue prestazioni indubbiamente positive e non si può non riconoscere il coraggio di alcuni ufficiali, sottufficiali e soldati e l'enorme tributo di sangue versato dall'intera Armata84.

Accuse, quelle tedesche, che, anche se ridimensionate dalla realtà, avrebbero portato a tensioni con gli alleati italiani, dando origine ad uno scaricabarile di responsabilità: a nostro avviso i fatti riportati suddividono equamente eventuali responsabilità ma evidenziano l'alto spirito combattivo e volontà di sacrificio dei militari italiani di ogni

---

(tr. it. Torino 1990,I, p.131- 132) ed Irving 1989 (tr.it., p.648) [il diario di Ciano, tuttavia, non è in generale una fonte molto attendibile, essendo specchio dell'ego del suo estensore, che in più parti del diario non esita a dare una cronaca falsata degli avvenimenti di cui fu protagonista o testimone: che l'*Heeresgruppe Mitte* davanti a Mosca nell'inverno 1941-1942 *non abbia avuto perdite per nulla perché scappato di corsa* è una enormità che difficilmente Hewel – o qualunque tedesco – possa aver approvato, NdE].

81   Carell 1966 (p. 138 della trad. it.).
82   *Bundesarchiv-Militärarchiv* (BA-MA), RH 31 IX/35, ff. 60-40, rip. in Schlemmer 2005, pp. 205-206 della trad. it.
83   Bollettino dell'*Oberstkommando der Wehrmacht*, 19 dicembre 1942.
84   BA-MA, RH 31 IX/35 ff. 127-133, rip. in Schlemmer 2005, pp.194-196 dell'edizione italiana.

grado. Del resto, che cedimenti ci fossero stati non può essere messo in dubbio, in massima parte tra i reparti delle retrovie, in ogni esercito i più vulnerabili a un deciso attacco nemico e alle sue conseguenze, anche psicologiche. Nelle fasi cruciali del ripiegamento si verificò anche un rapido deteriorarsi della catena di comando e controllo (superiore a quello che ci si poteva ragionevolmente aspettare in tale difficile quadro tattico) e delle comunicazioni, circostanze che favorirono la frammentazione delle unità e quindi, la loro perdita di efficienza combattiva, specie se veniva a mancare "sul campo" l'opera di Ufficiali particolarmente capaci.

Fatti non ignorati dallo stesso Mussolini, che durante il Direttorio del P.N.F. tenutosi a Palazzo Venezia nel pomeriggio del 17 aprile 1943, ricordò come

Le vicende russe hanno portato ad un rincrudimento notevole delle ostilità verso la Germania e verso i tedeschi,

affermando più avanti, citando i reparti coinvolti, che i tedeschi erano scappati più in fretta degli italiani:

Che in Russia siano accadute delle cose spiacevoli, questo sì; ma tutti coloro che ho interpellato sono unanimi nel dire che ciò è dovuto al fatto della rotta, in cui tutti se ne andavano con una velocità più o meno accentuata, non solo gli italiani, che hanno resistito di più, ma anche i tedeschi: la duecentonovantesima Divisione, il trecentonovesimo Reggimento di fanteria ed altri che sono andati molto velocemente verso le retrovie. Si è determinata una confusione formidabile. Si sono viste retrovie investite da carri armati all'improvviso, perché i russi avevano costituito le "brigate del panico", composte di cinquanta-sessanta carri armati, guidati da comunisti, che, appena determinatasi la rottura del fronte, marciavano senza preoccuparsi dei contatti, né di niente; arrivavano dalle retrovie e vi seminavano lo scompiglio, perchè nelle retrovie vi sono sempre soldati di sanità, parchi automobilistici, tutta gente incapace di battersi, che magari avrà il distintivo della campagna, ma non spara un solo colpo di fucile.

E tornando alla crescente freddezza tra alleati, proseguiva:

Bisognerà reagire contro questa tendenza. Perché c'è una speculazione e bisogna dire che in tutti gli eserciti queste cose sono accadute, in tutte le guerre. In Inghilterra, tutte le sere sono botte da orbi, coltellate e rivoltellate fra inglesi e soldati degli Stati Uniti.
Nel 1917-1918 quando vennero i francesi in Italia, tutte le sere erano botte, perché i francesi dicevano che ci avevano salvato. Gli inglesi erano appartati e pensavano a divorare il loro rancio, che per consistenza e qualità era cinque o sei volte il nostro.

Le conclusioni del Duce sono molto interessanti, perchè coincidono in pieno con le conclusioni dello storico tedesco Schlemmer, non certo accusabile di indulgenza con il regime fascista:

Qui c'è una manovra che il nostro Partito deve sventare. Intanto bisogna dire che questi episodi non sono avvenuti nel Corpo alpino, che è stato rispettato dai tedeschi, che ha inglobato in sé una Divisione tedesca, che ha suscitato l'ammirazione dei tedeschi.

E ciò non era vero. Al di là dell'effettiva collaborazione e della stima reciproca, ben documentate, episodi, anche duri, di contrasti tra alpini e tedeschi avvennero, e non sempre gli italiani furono le vittime, come vedremo nel prossimo capitolo.

Questi episodi [di scarsa resistenza] non sono avvenuti dove si battevano i bersaglieri, dove c'erano battaglioni di camicie nere. Il Battaglione del gruppo "Leonessa" è andato parecchie volte all'assalto della quota 191 sul Don[85]. L'altro ieri il generale Sampieri mi faceva l'apologia di queste camicie nere per l'eroismo da esse dimostrato. Evidentemente hanno un di più sugli altri: la fede. La guerra sarà vinta dall'esercito che diventerà più rapidamente degli altri un esercito essenzialmente politico. E' quello che si sta facendo del resto in Germania. Lo sviluppo delle SS tende a fare di masse armate, più o meno dotate di alto senso personale, politico e razziale, una massa di combattenti. L'epoca del soldato è finita. Soldato deriva da soldo. Ora comincia l'epoca del combattente. Tutti i combattenti sono necessariamente soldati: ma non tutti i soldati sono necessariamente combattenti [...][86].

---

85   Sic per q. 192.
86   Mussolini al Direttorio del P.N.F., 17 aprile 1943, rip. in D. Susmel, *I dieci mesi terribili. Da El Alamein al 25 luglio 1943*, Roma 1981, pp. 119-120.

La ritirata

Il ripiegamento si svolse su due colonne, quella settentrionale formata dai resti del II Corpo d'Armata e quella meridionale da quelli del XXXV Corpo, che si ritiravano in condizioni meteorologiche terribili, a –38° sotto continue tempeste di neve.

Gli italiani riuscirono a sottrarsi all'accerchiamento, grazie anche alla tenace resistenza dei tedeschi a Millerovo, dei Bersaglieri[87] e dei resti del Raggruppamento CC.NN. *M 3 Gennaio* a Tcherkowo ed agli abili contrattacchi tattici condotti dal *48. Armee-Korps* di von Knobelsdorf[88]. Il ruolo svolto dalle truppe tedesche per arginare l'avanzata di Kutnezov è totalmente ignorato o trascurato dalla memorialistica italiana, che preferisce insistere sui casi di scarso cameratismo dei tedeschi; che atti di scarso cameratismo avvenissero è indubbio, anche se per onestà storica va ricordato come anche gli italiani si comportassero spesso allo stesso modo verso i germanici[89].

Il 17 dicembre i sovietici ripresero gli attacchi contro il XXXV Corpo d'Armata, bersagliati dall'artiglieria italiana; per tutta la giornata si ripeterono attacchi e contrattacchi che costarono ai due contendenti gravi perdite di uomini e di materiali.

Ma oltre che col nemico i fanti, gli artiglieri, i bersaglieri ed i legionari dovevano combattere con un altro nemico, altrettanto letale, il freddo.

Nella notte sul 18 la temperatura bassissima provocò nuove vittime.

I legionari del VI Battaglione *M*, ricorda la Camicia Nera Calamai, erano

Imbacuccati nei cappottini "tre quarti" perché i pastrani di pelliccia erano rimasti a Verona. Portavano sempre l'elmetto calcato sulla testa avvolta nella coperte, perché i passamontagna erano rimasti a Verona, insieme ai guanti. Avevano le mollettiere piegate a doppio per tenere più caldo e la barba incolta da tempo. Tenevano le armi impugnate con le mani nude, ma cercando di non toccare il ferro con le mani per non lasciarci la pelle attaccata[90].

Inoltre, le pattuglie nemiche, formate da truppe d'élite e ben mimetizzate da tute mimetiche imbottite, si infiltravano nelle linee italiane, interrompendo linee di comunicazione e rifornimento e in generale causando il caos nelle retrovie.

All'alba del 18 le *Guardie* lanciarono nuovi violenti attacchi, tra cui uno particolarmente violento contro Quota 201 tenuta dalle Camicie Nere del Raggruppamento *3 Gennaio* e da pochi

---

87 *A Cerkowo il 13 era giunto Virginio Manari con i complementi che non si erano riuniti al Reggimento a Meskoff. Il fronte è frantumato, la ritirata ingoia interi reparti e nell'abitato si insinuano i primi carri armati russi. Manari si prepara alla difesa e per giorni e giorni lotta, corpo a corpo, come uno qualsiasi dei suoi bersaglieri. Gli è a fianco il dalmata Enzo Drago, grande cuore di bersagliere e trascinatore di reparti nella lotta disperata. È tutta gente già provata nei combattimenti della valle di Arbusow e venuta a Cerkowo in cerca di un po' di riposo, ma questo è un punto obbligato per le truppe che ripiegano e bisogna difenderlo il più a lungo possibile.*
I russi premono disperatamente sul caposaldo con ogni specie di artiglieria e di mortai che producono immensi vuoti nelle file italiane e tedesche.
La notte di fine anno Manari è ferito, e il giorno dopo, capodanno 1943, piega la testa fra le braccia del caporale maggiore Antonio Loizzi e la sua salma calerà nella bara di ghiaccio con il piumetto e la divisa logora bucata da tanti colpi. Sotto la guida di un altro valoroso bersagliere, il maggiore Cesare Massone, Cerkowo regge ancora per parecchi giorni e i difensori scrivono un'altra pagina degna di ricordo nella storia del Reggimento.
Il 18 gennaio con i fanti dell'80° e con i reparti tedeschi ormai fusi in unico blocco si aprono un varco nelle linee avversarie e ripiegano verso luoghi più sicuri. Da Fausto Mandelli, I figli del vento e della vittoria. Storia breve breve dei Bersaglieri d'Italia, s.l., 1974, NdE

88 A. Giovanditto, *Panzer all'attacco. La guerra dei carri dalla Russia a Berlino*, Roma 1977, p. 102.

89 Si veda quanto documentato da Alessandro Massignani in *Alpini e Tedeschi sul Don*, Valdagno 1991, oltre a Schlemmer 2005, pp. 148 segg.

90 Calamai, in Calamai et all. 2002, p. 42.

fanti della *Pasubio* e della *298. Infanterie-Division*, che venne respinto dal fuoco dei difensori e dei pochi pezzi d'artiglieria italiana, infliggendo dure perdite al nemico; l'artiglieria aveva anche colpito in pieno alcune batterie sovietiche che avrebbero dovuto appoggiare l'attacco con il loro tiro. Nel pomeriggio dalle linee italiane uscirono pattuglie esploranti allo scopo di accertare la situazione, provocando la dura reazione avversaria. Col calare delle tenebre le pattuglie rientrarono dopo aver prelevato prigionieri e materiali.

La situazione sempre più degradata spinse il comandante del XXXV Corpo, Generale Zingales, ad ordinare personalmente al comandante della *Pasubio* Boselli il ripiegamento.

Alle 15 giunse ai reparti dipendenti il preavviso di movimento per raggiungere la linea arretrata Werchnje Miskowici-Nasarow. La notte venne raggiunto il villaggio di Medowa; la ritirata riprese ed alla nove del 20 dicembre si giunse a Popowka.

Ma i sovietici avevano accerchiato i reparti in ripiegamento: Camicie Nere, tedeschi e fanti della *Torino* riuscirono a rompere la manovra di accerchiamento del nemico, così da permettere di proseguire il ripiegamento al XXXV Corpo, sempre più assottigliato dalle perdite dovute anche agli attacchi aerei.

Alle 22 la colonna giunse a Posdnjakow, dove i reparti sostarono sino alla mattina del giorno dopo, quando venne ripresa la ritirata.

Il 22 reparti sovietici avevano sbarrata la via alle colonne in ripiegamento ad Arbusow: ancora una volta furono le Camicie Nere ad aprire la strada, grazie anche al sacrificio dell'Aiutante di Battaglia Biagi, che si pose alla testa dei suoi uomini che sfondarono le linee nemiche, e guadagnandosi la Medaglia d'Oro al Valor Militare.

I resti dei battaglioni *M* erano riusciti a sfondare, attaccando i sovietici, ma con pesanti perdite: il solo Gruppo *Montebello* aveva avuto nell'azione 115 morti, 380 feriti, 66 congelati; tra le perdite ben trentadue ufficiali[91].

Alle ore 23 la colonna riprese il movimento; solo gli elementi più validi potevano seguirla, feriti e congelati vennero lasciati sul posto, venendo poi in gran parte massacrati dalle truppe staliniane. La coesione dei reparti, anche di quelli veterani, si andava sfaldando, molti gettavano le armi per cercare di alleggerirsi; nel caos montante furono tra i pochi i reparti a mantenere coesione ed ordine, tra i quali i resti dei battaglioni *M*.

Alle nove del 24 dicembre la colonna, meglio, ciò che ne restava giunse a Bukarewskij, ed al tramonto arrivò a Pressiannowskji; la notte di Natale gli italiani continuarono a ritirarsi sino a giungere alle dieci del mattino del 25 a Scheptukowa.

La sosta durò solo quattro ore, dato l'incalzare dei reparti corazzati sovietici, e già alle quattordici era ripresa la marcia.

All'una del mattino del giorno di Santo Stefano i superstiti giunsero a Tcherkowo, attestandosi a difesa nell'abitato dove già si trovavano i resti della colonna del II Corpo d'Armata. I sovietici serrarono sotto, ed iniziò un assedio destinato a durare una ventina di giorni.

Il XXXV Corpo, con i resti della *Pasubio*, della *Torino* e della *Ravenna*, della *298. Infanterie-Division*, del Raggruppamento *3 Gennaio* e resti di unità rumene contribuì alla difesa di Tcherkowo in unità di formazione. La Regia Aeronautica si prodigò nelle operazioni di soccorso, evacuazione dei feriti e rifornimento, malgrado le proibitive condizioni del tempo; nel corso di una di tali operazioni venne abbattuto il *SM81* pilotato dal Generale Pezzi, comandante dell'aviazione italiana in Russia, che coraggiosamente aveva voluto prendere parte alle operazioni di evacuazione dei feriti.

---

91   Romeo di Colloredo 2008, pp. 120 segg.

Nel corso della ritirata, a Rossoch si distinsero anche i volontari cosacchi comandati dal Maggiore Ranieri di Campello, che riuscirono a sfondare le linee sovietiche ed ad evitare l'accerchiamento.

Gli italiani non erano però ancora un avversario da sottovalutare, almeno per quanto riguardava reparti particolarmente motivati, come i Bersaglieri e le Camicie Nere.

Ne è una prova il comportamento tenuto dal 6° Reggimento bersaglieri.

Il giorno di Natale del 1942 i bersaglieri del 6° Reggimento del Colonnello Mario Carloni riuscirono ad evadere dall'accerchiamento, conquistando con impeto prima Kruskugarowska e poi Snamenka, e raggiunsero Pavlosk, presso Dnjeperpetrowsk. Carloni assunse il comando della piazza. Nella ritirata il Reggimento aveva perduto il 75% delle forze92, ma continuò ad essere assai combattivo: quando a Pavlograd il 20 gennaio i partigiani, appoggiati dalla *Schuma*93 e dagli ausiliari locali, insorsero all'avvicinarsi dell'Armata Rossa, Carloni inviò parte dei bersaglieri del 6° con elementi tedeschi a rastrellare gli insorti: particolarmente feroci furono i combattimenti all'interno di una fabbrica, dove gli avversari che tentavano di fuggire nei sotterranei vennero inseguiti ed eliminati uno per uno all'arma bianca. Tra i morti anche il capo degli insorti, che si scoprì essere il comandante della *Schuma* locale. I superstiti vennero impiccati il giorno successivo nella piazza di Pavlograd.

Lo stesso giorno i bersaglieri di Carloni, appoggiati da sette *Pz.Kf.Wg. IV*, compirono una spedizione su Snamenka, dove erano stati uccisi due ufficiali tedeschi. I bersaglieri, cui si erano uniti alle ore 13 cinque carri tedeschi che si unirono ai sette della colonna, raggiunsero il paese, dandolo completamente alle fiamme. Sulla via del ritorno, presso Gorianowskij i bersaglieri subirono l'attacco di truppe regolari e partigiani sovietici, che vennero respinti. Quando arrivò Carloni con i rinforzi il nemico si era già dileguato.

Il giorno successivo, 21 gennaio, i bersaglieri della compagnia comandata dal capitano Paris, appoggiati da una mitragliera da 20 mm e da un pezzo da 88 tedeschi, raggiunsero Gorianowskij, che venne rastrellata casa per casa eliminando sovietici e partigiani, radendo al suolo il paese e passando poi per le armi tutti i civili maschi, come rappresaglia per l'assassinio di due ufficiali germanici *avvenuto la sera prima dopo sevizie inenarrabili*94.

Anche il 38° Reggimento della *Ravenna* si distinse il 20 negli scontri contro i partigiani sul Donets, giustiziando poi i sovietici catturati95. La *Ravenna* venne utilizzata per la lotta antipartigiana sino al rimpatrio in primavera.

Negli stessi giorni l'8ª Armata, o meglio quel che ne restava, si attestò su una nuova linea difensiva, anche se in realtà troppo indebolita per combattere ancora, e venne riordinato, ricevendo a propria disposizione il *XXIV Panzerkorps*, che includeva operativamente la 3ª Divisione Alpina *Julia*, oltre alle restanti unità del Corpo Alpino96 rimasto sul Don per ordine del Gruppo d'Armate.

Il comandante del XXIV *Panzerkorps*, il *Generalleutnant* Martin Wandel97, definì gli Alpini della *Julia* che avevano combattuto con i suoi uomini, *Panzersoldaten*. Wandel venne ucciso dai

---

92 Garofalo, Langella, Miele 1997, p. 126.
93 *Schutzmannschaft-Abteilungen der Ordnungspolizei*. Forze ausiliarie di polizia formate da milizie locali inquadrate dai tedeschi in funzione antipartigiana.
94 AUSSME, L 14/87-1, Comando 6° Regg. Bersaglieri, Relazione sul ciclo operativo 22/1-22/2 1943 XX. Non è chiaro se i responsabili della rappresaglia siano stati gli italiani o i tedeschi. Schlemmer 2005, pp. 64-65 sembra ritenere responsabili i Bersaglieri.
95 Ibid. p. 66.
96 Divisioni *Tridentina*, *Cuneense* e *Vicenza*.
97 Abile Ufficiale d'artiglieria decorato della *Ritterkreuz des Eisernes Kreuz*, Wandel comandò il *XXIV Panzerkorps* dal 30 novembre 1942 fino alla morte il 14 gennaio 1943, avvenuta quando il suo posto di comando a Chinino (Rossoch) fu assaltato dai sovietici. Fu promosso postumo *General der Artillerie*, NdE.

sovietici, e sostituito dal Generale Eibl98, il quale annunciò il 14 al Generale Ricagno, comandante della *Julia*, la sua decisione di ritirarsi. Il Generale Eibl venne ucciso il 21 gennaio 1943 da una bomba a mano probabilmente lanciata dagli Alpini; per alcune fonti si trattò di un caso di "fuoco amico", per altre la bomba fu lanciata di proposito. Se la mancanza di cameratismo dei tedeschi è spesso enfatizzata dalla memorialistica italiana99, non mancarono casi del tutto analoghi che videro i tedeschi come vittime: il Colonnello Otto Heidekämpfer ricordò come un capitano italiano ordinò al Comando del *XXIV Panzerkorps* di lasciare gli alloggiamenti agli italiani minacciando di usare le mitragliatrici. Per lo stesso motivo, delle isbe occupate dagli uomini del *Führerbegleit-Bataillon* vennero incendiate dagli Alpini e il 18 gennaio a Podgornoje tre soldati dello stesso Battaglione vennero freddati a sangue freddo da un italiano. In un altro caso gli italiani aprirono il fuoco su una colonna di artiglieria germanica per costringerla a lasciare libera la strada alle truppe del Regio Esercito100.

Gettata nuova luce sugli stereotipi storiografici correnti, torniamo alla ritirata.

I sovietici diressero i loro attacchi contro la 2ª Armata ungherese, che venne travolta, e anche il *XXIV Panzerkorps* venne pressoché annientato dopo durissimi attacchi diretti contro la *17. Panzer-Division*, il *Führerbegleit-Bataillon* e il *Kampfgruppe* Fegelein101. Finalmente venne autorizzato il ripiegamento del Corpo d'Armata Alpino (alle 12.30 del 17 gennaio 1943) ma esso era già stato aggirato da punte corazzate sovietiche. La ritirata del Corpo d'Armata Alpino e dei resti dell'ARM.I.R. fu tragica: ritardato dagli ordini contraddittori dei tedeschi e da disguidi, in condizioni climatiche difficilissime, venne continuamente ostacolato dai sovietici che tentarono di fermare gli Alpini ed annientarli con successivi sbarramenti.

Il 18 mossero le divisioni *Tridentina* e *Vicenza*, il giorno dopo la *Julia*, la *Cuneense* ed i resti del *XXIV Panzerkorps* con le *385.* e *387. Infanterie-Division*. Le colonne si riunirono il 22 gennaio, dopo vari combattimenti a Krawzowka e a Scheljakino, in una sola colonna a Ladomirowka, operazione resa complicata anche dagli scarsi collegamenti e da ordini contradittori102.

Nei durissimi combattimenti la *Julia* si distinse al punto da venir citata nel bollettino di guerra dell'*Oberkommando* della *Wehrmacht* il 19 dicembre:

Durante i combattimenti difensivi nella grande ansa del Don si è distinta particolarmente la Divisione italiana *Julia* 103.

Il 22 gennaio la *Tridentina*, più avanti di due giorni rispetto alle altre unità del Corpo d'Armata Alpino, raggiunse l'abitato di Sheljakino, occupato dai sovietici.

I battaglioni *Edolo* del 5° Alpini, *Vestone* e *Val Chiese* del 4° Alpini, i gruppi *Bergamo* e *Vicenza* del 2° artiglieria da montagna ed alcuni corazzati tedeschi del *XXIV Panzerkorps* riuscirono ad aprirsi la strada, mentre un ulteriore attacco di corazzati sovietici venne respinto dal Btg.

---

98   Il *General der Infanterie* Karl Eibl, decorato della *Ritterkreuz mit Eichenlaub und Schwertern* il 19 dicembre 1942 quale *Generalmajor* e Comandante della *385. Infanterie-Division*, il 1° gennaio 1943 aveva preso il comando del *XXIV. Panzerkorps*, NdE.

99   Per inciso, non dovrebbe essere necessario ricordare come nella storia militare le campagne combattute da coalizioni pullulino di incidenti del genere! NdE.

100   Schlemmer 2005, p. 149 della trad. it.

101   Il *Kampfgruppe* era comandato dall'*SS Brigadeführer* Hermann Fegelein e comprendeva insieme ad altri reparti l'*8. SS-Kavallerie-Division* (dal marzo 1944 ridenominata 8. SS-*Kavallerie-Division Florian Geyer*).
Fegelein assisté alla carica di Isbushenskij, confidando poi ammirato al comandante del *Savoia Cavalleria* col. Bettoni: *Noi queste cose non le sappiamo più fare!* Cfr. G. Williamson, *The Waffen SS (2) 6. to 10. Divisions*, Oxford 2004, pp. 17 segg. (spesso inesatto: non ricorda la presenza della Divisione alle dipendenze del XXIV *Panzerkorps*).

102   Nel dopoguerra ci fu infatti una dura polemica tra il Generale Reverberi e il Generale Battisti sulla mancanza di coordinamento e di appoggio reciproco tra le Divisioni Alpine in ripiegamento, NdE.

103   *Die Wehrmachtsberichte, 1939- 1945*, München 1985, 2, p. 410.

Morbegno a tarda sera.

La *Tridentina* era seguita a ruota dai resti della *Vicenza*, due reggimenti sotto organico e privi di artiglieria, destinati a compiti di presidio, i quali raggiunsero Sheljakino trovandola però occupata dai *T-34*, giunti di rinforzo in città dopo il passaggio della *Tridentina* e dei *Panzer*, e che si preparavano a porsi all'inseguimento degli Alpini.

Appoggiati da tre semoventi tedeschi, i fanti resistettero accanitamente finchè non furono completamente sopraffatti dai corazzati e dai fucilieri sovietici, tranne alcuni reparti che riuscirono a sfondare ed a raggiungere Warwaronowka; tuttavia il tempo perso combattendo contro l'inattesa resistenza dei fanti del 277° e 278° ed il calare delle tenebre impedì ai sovietici di porsi subito all'inseguimento della *Tridentina*.

Il Corpo d'Armata Alpino proseguì la ritirata nei giorni successivi combattendo contro truppe regolari e partigiani sovietici che tentavano di bloccare la strada a Dectjarnia il 23 gennaio, a Arbusowo, Valuikj, Postojaly, Skororyo, Wikotka; e se i resti della *Julia* e della *Cuneense* caddero infine in mano sovietica, la *Tridentina* sfondò due volte nello stesso giorno (26 gennaio) gli sbarramenti sovietici prima a Nikitowka, ad Arnautowo, e infine a Nikolajewka, dove guidata al grido di *"Tridentina avanti!"* dal Generale Reverberi – che gli Alpini chiamavano il *general gasusa*[104] - si aprì un varco attaccando all'arma bianca, con l'appoggio di due semoventi tedeschi del *Kampfgruppe Fischer*, le posizioni sovietiche riuscendo a sfondare ed ad uscire dalla sacca.

Nella prima mattina del 26 gennaio 1942 i battaglioni *Vestone* e *Verona* con parte del *Val Chiese* avevano iniziato l'attacco all'abitato di Nikolajewka; avanzavano metro per metro con l'appoggio di una Batteria del Gruppo *Bergamo*, malgrado il letale fuoco dei sovietici, forti di un gran numero di cannoni, mortai, mitragliatrici oltre che di carri armati *T-34*.

Appena arrivati dallo scontro di Arnautowo, i superstiti del Battaglione *Tirano*, centocinquanta alpini e qualche ufficiale, vennero subito schierati in rinforzo al *Vestone*.

Ad Arnautowo, durante l'attacco a quota 210 era caduto il comandante della 46ª compagnia del *Tirano*, capitano Giuseppe Gandi, colpito da una mitragliatrice sovietica. Portato indietro agonizzante, chiese ai suoi Alpini di intonare *Il Testamento del capitano*:

Il combattimento di Arnautovo stava spegnendosi. Gli ultimi russi risalivano, a gruppetti, "quota 210", ripiegando in direzione di Nikolajewka. Gli alpini della quarantaseiesima pigiati attorno al loro comandante intonarono, con voce sorda, incrinata, la prima strofa della più malinconica e antica canzone militare della Valtellina:

Il comandante della compagnia
È ferito e sta per morir…[105]

Mentre le ore passavano giunsero sul costone prospiciente Nikolajewka masse di uomini in marcia: la testa della colonna delle Divisioni Alpine in ritirata.

Il costone digradava verso il basso, tagliato in diagonale da un terrapieno della ferrovia al di là del quale il terreno aperto risaliva in contropendenza verso la prima isbe di Nikolajewka.

Il fuoco di sbarramento sovietico si fece sempre più intenso.

Il Generale Reverberi saltò su un corazzato tedesco in movimento verso Nikolajewka e guidò l'ultimo balzo. Nell'azione il Colonnello Martinat, Capo di Stato Maggiore del Comando del Corpo d'Armata Alpino, cadde incitando i suoi uomini al grido di *Avanti che siete Alpini!*

---

104 Il bonario epiteto gli era stato dato per la sua "effervescenza" dagli Alpini del Battaglione *Vestone*, quando era ancora Maggiore.

105 G. C. Fusco, *La lunga marcia*, Palermo 2004, pp.152-153. Soltanto chi non conosca gli Alpini e non sappia cosa significa una penna nera potrebbe permettersi di trovare retorica la scena.

Arrivarono in quel momento i Battaglioni *Edolo* e *Valcamonica* e immediatamente si unirono alle forze già impiegate nell'attacco.

L'attacco riprese vigore, due pezzi del Gruppo *Bergamo* vennero piazzati in prima linea tra gli Alpini, sparando ad alzo zero: il combattimento ravvicinato nell'abitato fu senza quartiere.

Il nemico cedette e sgombrò Nikolajewka, dove gli Alpini trovarono ristoro e rifugio temporaneamente prima della ripresa della marcia.

I superstiti giunsero il 30 gennaio a Bolsche Troizkoje ed il 31 a Shebekino, dove vennero finalmente riforniti, dopo aver compiuto 350 chilometri di marcia a piedi nella neve ed aver sostenuto tredici combattimenti vittoriosi per aprirsi la strada.

Lo stesso giorno a Stalingrado, Paulus, appena promosso Feldmaresciallo, si arrendeva a Eremenko con i resti della sua Armata.

Meno fortunate della *Tridentina* la *Julia* e la *Cuneense*, o meglio ciò che ne restava, provatissime dai combattimenti della prima quindicina di gennaio, non riuscirono a raggiungere in formazione organica le linee dell'Asse.

I resti di quella che era stata la *Cuneense* insieme al loro comandante Battisti cedettero ai sovietici a pochi chilometri ad est Valuikij dopo un ultimo tentativo di sfondamento il 28 gennaio; il 29 ciò che restava delle penne nere friulane ed abruzzesi della *Julia* cadeva in mano sovietica. Le fonti sovietiche dovettero registrare che

Tra i fucilieri [che attaccarono i resti delle Divisioni Alpine] vi furono pesanti perdite. Si contarono 236 caduti tra soldati e ufficiali, mentre i feriti fuono molti di più – ma di essi non si tenne un ordine preciso. Nel corso dei combattimenti lo stesso comandante dell'86° Reggimento, Aleksej Andrianovich Zaiïjkin, cadde mortalmente ferito, [e] venne insignito dell'Ordine di Lenin[106].

Qui va fatta una considerazione: il risultato positivo del Corpo d'Armata Alpino è dovuto al fatto che, sebbene addestrati per il combattimento in montagna, gli Alpini erano i soldati italiani più adatti ai combattimenti a quelle temperature e agli spostamenti nella neve in condizioni atmosferiche tanto avverse; la dislocazione nella pianura del Don delle truppe alpine, tanto criticata a posteriori, si rivelò alla fine tutt'altro che improvvida; e del resto anche i *Vanatori de Munte* rumeni e i *Gebirsjäger* tedeschi vennero impiegati nella steppa esattamente come gli Alpini[107].

Il primo febbraio l'8ª Armata cedette il comando di settore e raggiunse la zona di riordino e di raccolta a nord-est di Kiev, in Bielorussia.

Tra febbraio e marzo rientrarono i primi contingenti dalla Russia, ossia i resti del XXXV Corpo e del Corpo d'Armata Alpino, in totale 65.000 uomini; il 22 aprile rimpatriarono i 40.000 superstiti del II Corpo d'Armata, sino ad allora trattenuti per un possibile impiego in linea. Le ultime truppe a rientrare furono i 9.500 soldati dell'Intendenza militare, il 22 maggio.

Il 6 marzo il Corpo d'Armata Alpino rientrò in Italia su appena quattordici treni.

Rientrarono in Patria 114.500 uomini, su 229.005 appartenuti all'Armata Italiana in Russia.

Le forze armate italiane persero in Russia 89.938 uomini tra morti e dispersi[108], ed ebbero 43.282 uomini tra feriti e congelati.

I reparti della Milizia furono tra quelli che subirono le perdite maggiori, anche perché i suoi membri, in caso di cattura, venivano usualmente uccisi sul posto. In particolare il Gruppo

---

106   Scotoni 2007, p. 532. Si ricordi come i reparti sovietici fossero a pieno organico, ampiamente dotati di armi automatiche e perfettamente equipaggiati per l'inverno, oltre ad essere in parte motorizzati ed appoggiati dai corazzati e dall'aviazione, a differenza del Corpo d'Armata Alpino.

107   Diverso il discorso per l'artiglieria da montagna, dotata di vecchi pezzi ancora buoni per il combattimento in quota, ma decisamente superati in pianura.

108   Dalla prigionia rientrarono solo 10.030 uomini.

Tagliamento subì fortissime perdite, che però, con qualche variante, possono essere esemplificative del sacrificio anche di altri reparti italiani in Russia, soprattutto di quelli, come i Reggimenti della *Pasubio*, della *Celere* e della *Torino*, impegnati sin dall'estate del 1941:

Eravamo in 1.613, quando partimmo dall'Italia nel mese di agosto 1941. Dopo le battaglie del primo inverno, restammo in 654.

La Legione aveva quindi perduto 959 effettivi. Trasformata in Gruppo, la "Tagliamento" registrò, nelle battaglie di agosto '42, perdite accertate in 458 uomini. Poi si accese la fornace del "Berretto Frigio" (ansa del Don109); vennero i giorni massacranti della ritirata, e altri 1.061 legionari non risposero all'appello. Quando il 25 marzo 1943, il labaro della "Tagliamento" decorato di Medaglia d'Oro al Valor Militare, uscì dal campo contumaciale di Bologna per essere riconsegnato al Sacrario di Udine, lo scortavano 153 legionari. I 2.478 mancanti erano solo un ricordo conservato nel cuore dello sparuto manipolo di superstiti110.

Tragica fu la sorte dei prigionieri sopravvissuti alle marce di trasferimento verso i punti di raccolta per poi essere trasportati ai campi di prigionia (la tristemente famosa marcia del *davai*111) durante la quale i prigionieri che non avevano abbastanza forze venivano finiti con un colpo alla nuca112.

Degli italiani prigionieri di guerra internati in Inghilterra, in India ed altri parti dell'impero britannico tornarono il 98.4%, di quelli prigionieri in U.S.A. il 99.8%, di quelli internati in Germania dopo il 1943 fecero ritorno in Patria il 94.4%, dall'U.R.S.S. solo il 14%. Tali dati sono tratti dalla tabella intitolata *"I prigionieri italiani nella seconda guerra mondiale"*, riportata nella Relazione del Delegato italiano presso la Commissione dell'ONU per i prigionieri di guerra, dove era indicato che su circa 70.000 soldati italiani catturati dall'Armata Rossa dopo la disfatta dell'ARM.I.R, 10.087 furono rimpatriati, ossia appunto solamente il 14%. Tale percentuale risulta spaventosamente bassa soprattutto se confrontata con le percentuali di prigionieri di guerra italiani rimpatriati dalle altre potenze belligeranti, riportate nel paragrafo precedente. In particolare, il fatto che dai *Lager* nazisti fosse stata rimpatriata la quasi totalità degli internati militari italiani, ha indotto diversi autori, come Galitzkij, Frigerio e Vaglica, ad analizzare più approfonditamente le cause che portarono alla morte un così elevato numero di soldati nei campi di prigionia sovietici: ad esempio, nel solo campo di Tambov il tasso di mortalità tra i prigionieri fu nel 1943 del 90%[113], mentre di circa 7.000 italiani internati nel campo di Minchurinsk ne sopravvissero solo 250; la fame portò anche ad episodi di cannibalismo, come nel campo di Krinowaja[114] tanto che gli Ufficiali presenti istituirono delle ronde per prevenire tali fenomeni[115].

Non si può, a tale proposito, dimenticare il deprecabile ruolo svolto dai fuoriusciti comunisti nella tragedia dei prigionieri italiani, trattati in aperto spregio delle convenzioni internazionali[116].

---

109   Verch Mamon.
110   Lenzi 1968.
111   "Muoversi, avanti", in russo.
112   Almeno 20.000 prigionieri di guerra italiani morirono durante questi trasferimenti.
113   Di Michele 2009, p.96.
114   Ibid.
115   Testimonianza di don Carlo Caneva, cappellano della Divisione *Julia*. Don Caneva, incuriosito da alcuni alpini che mangiavano qualcosa di nascosto, si avvicinò e scoprì trattarsi di un fegato umano, tolto ad un prigioniero morto durante la notte e il cui decesso era stato nascosto al momento dell'appello.
116   V. Galitzkij, *"Il più efficace degli antidoti". La morte dei prigionieri italiani in Russia*, in S. Bertelli, F. Bigazzi (curr.), *P.C.I.: la storia dimenticata*, Milano 2001, pp. 199-221 con documenti in appendice. Il titolo del saggio è una citazione della famigerata frase del *Migliore* riportata più avanti.

È celebre a tal proposito la lettera di Palmiro Togliatti a Dante Livio Bianco che sollecitava il capo comunista fuoriuscito ad intervenire per migliorare la situazione dei prigionieri italiani:

[...] Il fatto che per migliaia e migliaia di famiglie la guerra di Mussolini, e soprattutto la spedizione contro la Russia, si concludano con una tragedia, con un lutto personale, è il migliore, è il più efficace degli antidoti [...]

nella stessa lettera il leader comunista scriveva:

[...] La nostra posizione di principio rispetto agli eserciti che hanno invaso l'Unione Sovietica, è stata definita da Stalin, e non vi è più niente da dire. Nella pratica, però, se un buon numero di prigionieri morirà, in conseguenza delle dure condizioni di fatto, non ci trovo assolutamente niente di male [...][117].

Che tali fossero le idee del Togliatti era ben noto; il 27 dicembre del 1942, durante la ritirata italiana, il fuoriuscito dichiarava da radio Mosca che:

La fine dell'Armata mercenaria italiana in Russia segnerà una tappa importante sul cammino della liberazione e della redenzione d'Italia![118]

Lo stesso concetto espresso nella lettera a Bianco.
Oltre alle tragiche condizioni di vita degli internati, che non migliorarono neppure dopo l'8 settembre del 1943, la prigionia degli italiani in Unione Sovietica fu caratterizzata da un altro fattore fondamentale, comune a tutti i prigionieri nella Russia sovietica: l'opera di propaganda e rieducazione politica svolta sui prigionieri di guerra caduti nelle loro mani, e dal cui esito molto spesso dipese la sopravvivenza stessa dei prigionieri, a seconda che fossero più o meno pronti ad abbracciare l'ideologia marxista e a diventare delatori.
Si trattò dell'unico caso di una sistematica rieducazione politica praticata dai vincitori sui vinti durante la seconda guerra mondiale; nonostante gli sforzi dei sovietici e del P.C.I., i risultati tra i prigionieri furono marginali119, come d'altronde pochissimo effetto aveva sortito tra i nostri soldati la guerra psicologica nemica prima della ritirata120.

---

117   P. Togliatti, lettera a D.L. Bianco, rip. in Galitzkij 2001, p.219
118   Cit. in Messe 1963, p. 363.
119   Sulla rieducazione dei prigionieri italiani, cfr. Luca Vaglica, *I prigionieri di guerra italiani in URSS. Tra propaganda e rieducazione politica: "L'Alba" 1943-1946*, Milano 2006, e Alessandro Frigerio, *Reduci alla sbarra*, Milano 2006. Nel già citato lavoro di Galitzkij 2001, pp. 219-221 sono riportati i programmi dei corsi di rieducazione e le valutazioni del NKVD e dei funzionari del PCUS al riguardo. Ricordiamo come durante la Campagna di Russia, Palmiro Togliatti diresse, sotto il nome di Mario Correnti, la propaganda sovietica per le truppe italiane e, nel 1943, sovrintese alle scuole d'educazione marxista-leninista per i prigionieri italiani, scuole che riscossero un modesto successo (la Scuola Superiore d'Antifascismo, aperta nel settembre del 1943 vicino a Mosca, fu frequentata da soli 300 prigionieri italiani, tra cui 3 Camicie Nere). Resta da dire della sorte dei collaborazionisti e dei delatori tra i prigionieri italiani. Alcuni dei primi sarebbero divenuti dirigenti del PCI, come Edoardo D'Onofrio o Paolo Robotti, il cognato di Togliatti, che ai prigionieri che protestavano di non ricevere posta – come era loro diritto – rispondeva sprezzante: "Le vostre donne non hanno tempo per scrivervi, si divertono con gli americani". Quanto alle spie, alcune avrebbero ricevuto la lezione che meritavano dalle stesse vittime, lungo il viaggio di ritorno in patria; il delatore Antonio Mottola, soldato, che i sovietici avevano scaricato dopo averne goduto dei servigi, andò invece incontro ad una condanna a dieci anni nella fortezza di Gaeta.
120   Le diserzioni tra gli effettivi dello C.S.I.R. e dell'ARM.I.R. assommarono a pochi individui; furono invece numerosi i disertori sovietici che nel 1941-1942 si consegnarono ai reparti italiani, NdE.

Epilogo

Ai reduci dell'ARM.I.R. che nella primavera del 1943 rientrarono in Italia, Mussolini volle indirizzare il seguente proclama:

Ufficiali, Sottufficiali, Graduati e Soldati dell'8ª Armata!

Nella dura lotta sostenuta a fianco delle armate germaniche e alleate sul fronte russo, voi avete dato innumeri decisive prove della vostra tenacia e del vostro valore.

Contro le forze preponderanti del nemico vi siete battuti fino al limite del possibile e avete consacrato col sangue le Bandiere delle vostre divisioni.

Dalla *Julia*, che ha infranto per molti giorni le prime ondate dell'attacco bolscevico, alla *Tridentina* che, accerchiata, si è aperta un varco attraverso undici successivi combattimenti, alla *Cuneense* che ha tenuto duro sino all'ultimo secondo la tradizione degli Alpini d'Italia, tutte le divisioni meritano di essere poste all'ordine del giorno della Nazione.

Così sino al sacrificio vi siete prodigati voi, combattenti della *Ravenna*, della *Cosseria*, della *Pasubio*, della *Vicenza*, della *Sforzesca*, della *Celere*, della *Torino*, la cui resistenza a Cerkovo è una pagina di gloria, e voi, Camicie Nere dei Raggruppamenti *23 Marzo* e *3 Gennaio*, che avete emulato i vostri camerati delle altre Unità.

Privazioni, sofferenze, interminabili marce hanno sottoposto a prova eccezionale la vostra resistenza fisica e morale.

Solo con un alto senso del dovere e con l'immagine onnipresente della Patria potevano essere superate. Non meno gravi sono state le perdite della battaglia contro il bolscevismo vi ha imposto, ma si trattava e si tratta di difendere contro la barbarie moscovita la millenaria Civiltà europea.

Ufficiali, Sottufficiali, Graduati, Soldati!

Voi avete indubbiamente sentito con quanta emozione e quanta incrollabile fede nella vittoria il popolo italiano ha seguito le fasi della gigantesca battaglia e come esso sia fiero di voi.

Saluto al RE!

MUSSOLINI

Ma ben diversa fu l'accoglienza ricevuta da parte di un paese scosso dalle sconfitte, in cui dopo i primi entusiasmi si andava diffondendo il rifiuto della guerra in corso, stato d'animo che un autore che ha dedicato alla MVSN uno studio tanto fazioso quanto incompleto, ha contrapposto – ovviamente in senso sfavorevole a chi aveva ancora la volontà di combattere – allo stato d'animo dei reduci delle Camicie Nere reduci di Russia[121], che al contrario, volevano continuare a combattere per la propria Patria, come peraltro tanta altra parte della Nazione.

Esemplari in tal senso sono le righe conclusive di *Centomila gavette di ghiaccio*, quando Giulio Bedeschi descrive il rientro in Italia dei reduci del Corpo d'Armata Alpino, divisi tra la gioia del ritorno in Patria e la realtà che incontrano:

Eccola, l'Italia.

E, per il solo vederla, una gran nebbia, una necessità d'oblio già calava sulla vicenda tragica e pareva dissolverla, la riconduceva a misure più umane. La realtà vissuta si sfocava, si disperdeva, lasciando di sé soltanto un'attonita stupita eco nel cuore.

---

121 A. Rossi, *La guerra delle camicie nere. La milizia fascista dalla guerra mondiale alla guerra civile*, Pisa 2004. L'A. fa riferimento al brano di Mazzantini 2008 sull'uccisione dei due giovani Legionari reduci di Russia più sopra riportata, contrapponendo l'ostilità alla guerra anche prima dell'Armistizio all'ottusità fascista dei reduci, che, al contrario, pretendevano di continuare a fare il proprio dovere. Per definire tale lavoro – paludato di seriosità accademica ma selettivo nella scelta dei documenti, incompleto nella narrazione storica, fazioso nei contenuti – basterà dire che l'A., trattando del fronte russo, ignora completamente il ruolo decisivo dei Raggruppamenti CC.NN. nella Prima battaglia del Don dell'agosto 1942, affermando che dopo la Battaglia di Natale del 1941 le Camicie Nere non ebbero più scontri importanti!

E allo stesso modo, per contrapposto, quell'ora reale e presente pareva favolosa e indistinta, lontana come la speranza d'un tempo; la coscienza stentava a connettere, sperduta in una nuvola, come nell'ora del risveglio; le lacrime che scendevano sulle gote parevano d'altri, o gocce di pioggia.
Tutti gli alpini erano scesi, toccavano il suolo con i cenci dei piedi e fissavano la terra con lunghe occhiate sospettose, come se fosse una lastra di ghiaccio pronta a rompersi, a dissolversi, c'era chi si inginocchiava, stendeva le palme su di lei, chinava la fronte fino a toccarla e la baciava con le labbra ancor spaccate dal gelo della steppa; baciava l'Italia.
- In vettura! In vettura! Si riparte! - gridavano gli addetti ferroviari sospingendo gli alpini ai carrozzoni. Gli alpini salivano ubbidienti, trasognati, era un piacere riudire voci italiane.
- Chiudere i vetri dei finestrini! Chiudere i finestrini! - gridava ora il personale passando dinanzi alle vetture; e avvicinandosi agli sportelli dava un secco giro con la chiave di servizio e li sbarrava.
- Nessuno esce più! Alle stazioni è vietato affacciarsi! - ingiungevano le voci imperiose; - chiudere i vetri dei finestrini!
- Che roba è questa? - si cominciò a gridare dall'interno dei vagoni. - Non siamo bestie!
- Aprite! Aprite! - urlavano ormai gli alpini riabbassando i vetri e scuotendo invano le maniglie. - Siamo in Italia!
- Siamo gli alpini...! Siamo gli alpini! - gridavano.
Sulla pensilina, dinanzi al vagone della ventisei stava immobile un ferroviere, con le mani nelle tasche dei pantaloni. [...]
- Non abbiamo la peste, noi! Siamo gli alpini che tornano dalla Russia, cavàllo vestío da ómo! - gli gridò esasperato Scudrèra, mentre il treno già si muoveva.
- Che alpini o non alpini!!! Ma vi vedete? - urlò allora ai rinchiusi il ferroviere; - vi accorgete sì o no, Cristo, che fate schifo?[122]

L'8 settembre si avvicinava a grandi passi.

---

122 Bedeschi 1963, p. 343-344.

Fotografie

Le fotografie seguenti, tranne dove diversamente indicato, sono tutte © Archivio fotografico dell'Ufficio Storico dello Stato Maggiore dell'Esercito. Segnaliamo al lettore che numerose foto, per la maggior parte inedite, ritraenti unità dei Battaglioni *M* in Russia sono in Pierluigi Romeo di Colloredo, *Emme Rossa! Le Camicie Nere sul fronte russo 1941-1943*, Genova 2008, v. catalogo in appendice.

Settembre 1941. Un soldato dell'Armata Rossa espone a degli Ufficiali e soldati della Pasubio *il funzionamento di una bomba a mano sovietica.*

Settembre 1941. Un posto d'osservazione avanzato sul Dnieper.

Posto d'osservazione avanzato sul Dnieper.

Inverno 1941/1942. Camicie Nere della Legione Tagliamento.

Inverno 1941/1942. Un flammiere in azione.

Inverno 1941/1942. Fucilieri in prima linea.

Inverno 1941/1942. Una Breda 37 *dei Bersaglieri del 3°.*

Il Comando della 3ª Divisione Celere.

Il vice comandante della 3ª Divisione Celere con il comandante del 3° Reggimento Bersaglieri, gennaio 1942

Nella pagina seguente, controcarro da 47/32 del Battaglione Alpini Sciatori Monte Cervino. *Notare i telini coprielmetto e le buffetterie mimetiche*

Marzo 1942. Una pattuglia dei Bersaglieri con tute mimetiche.

Marzo 1942. Una pattuglia dotata di tute mimetiche si prepara ad una azione.

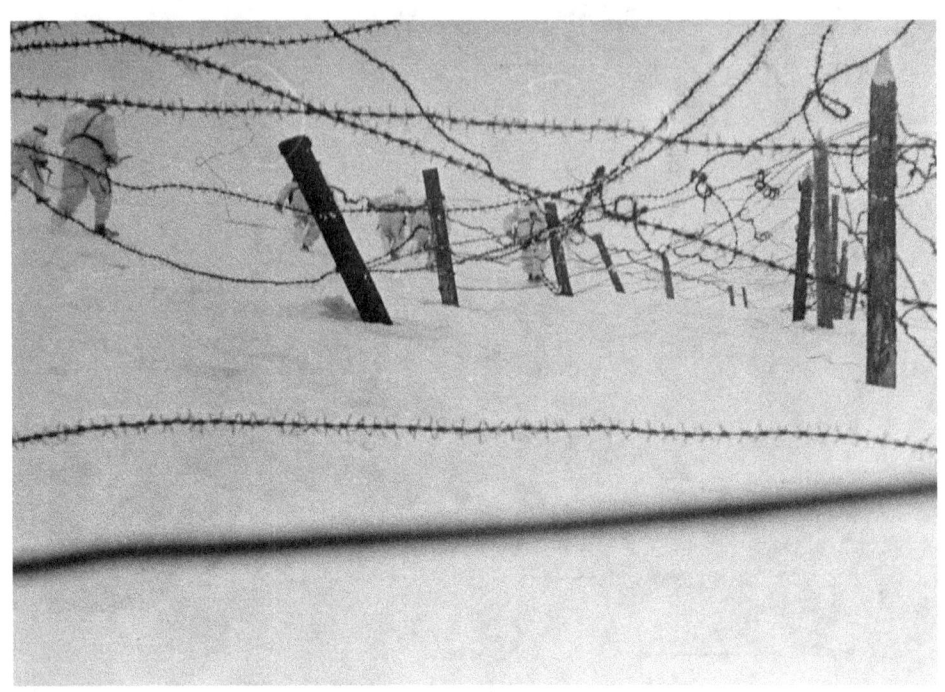

Pattuglia del Monte Cervino *in azione.*

Marzo 1942. Ufficiali italiani e germanici dei Fallschirmjäger *a una cerimonia militare.*

Nella pagina successiva, un mortaio da 81 mm in batteria e Messe mentre ispeziona le trincee italiane.

Un momento di cameratismo tra un Ufficiale dei Bersaglieri, armato di moschetto automatico MAB 38A, e un collega tedesco.

Messe mentre decora un Sergente del 3° Bersaglieri.

Due disertori sovietici indicano a degli Ufficiali italiani (dei quali uno armato di MAB 38A*) le posizioni sovietiche.*

Maggio 42. La Rollbahn *nei pressi di Stalino.*

Conferenza di Ufficiali italiani e tedeschi.

Funzione religiosa al Cimitero militare di Nikitowka, maggio 1942.

Esplosione di una carica da demolizione.

Genieri italiani sminano un binario ferroviario.

Messe passa in rassegna il 3° Bersaglieri.

Posto di blocco della Milizia della Strada.

Stalino. Il Generale Gariboldi con un Ufficiale dei Gebirgsjäger.

Nebbiogeni e Flammieri (pagina successiva) in azione.

Una sezione di Breda 30 *delle Camicie Nere in azione.*

10 giugno 1942. Le CC.NN. all'attacco presso Stalino.

Caposaldo dei Bersaglieri del 3° Celere: "I Bersaglieri finchè sono vivi, non sono mai vinti".

Angelo Manaresi in visita alla prima linea; sotto, Gariboldi al fronte.

Manaresi consegna dei pacchi dono alle truppe al fronte. Decorato combattente della prima guerra mondiale, Angelo Manaresi fu uno dei fondatori dell'ANA di Bologna e nel 1926 fu designato Presidente dell'Opera Nazionale Combattenti. Presidente dell'ANA dal 1929, nel giugno 1940 chiede ed ottiene di rientrare (con il grado di Tenente Colonnello) nel "suo" Btg. Feltre *che raggiunge sul fronte occidentale francese. Viene quindi assegnato all'Ufficio Stampa e Assistenza dello Stato Maggiore Esercito e con questo incarico svolgerà un'intensa attività con visite ai reparti combattenti sui vari fronti. Nel marzo 1942 si reca due volte in visita ai reparti sul fronte russo e nel marzo 1943 allestirà un treno di viveri, vestiario e generi di conforto per i reduci della Campagna di Russia.*

Un Camion SPA 36R. *Sotto, truppe italiane durante una sosta.*

Il Luogotenente Generale Francisci, comandante il Raggruppamento CC.NN. d'Assalto 23 Marzo *passa in rassegna un reparto di Camicie Nere.*

Un carro armato Grant *fornito dagli americani all'Unione Sovietica viene ispezionato.*

Un mototriciclo Guzzi mod. 41 *dei Bersaglieri supera delle fortificazioni campali sovietiche scavate a regola d'arte.*

Bersaglieri al fronte. Notare il MAB 38A *dell'Ufficiale.*

Un reparto di Bersaglieri motociclisti.

Il centro di Woroschilograd.

Militari italiani ad un apparato ottico.

Controllo di documenti di un prigioniero sovietico.

Un carro armato Lend-Lease Valentine *catturato in uno scalo ferroviario.*

Agosto 1942. La residenza degli Zar.

Soldati italiani posano un cavo. Notare il MAB 38A.

Fanteria italiana attraversa un ponte del Genio, protetto da una mitragliera da 20 mm.

Agosto 1942. Gariboldi al fronte.

Costruzione di un caposaldo. Sullo sfondo, un soldato tedesco e uno italiano conversano, e un altro trasporta a spalla una Breda 37.

Agosto 1942. Un soldato della Torino *mentre disattiva una mina.*

Estate 1942. Il Generale Gariboldi decora le bandiere dei reparti distintisi nella prima battaglia difensiva del Don.

Agosto 1942. Marconisti dell'ARM.I.R.

Si ispeziona un carro armato Matilda II *catturato. Notare come i mezzi inglesi e statunitensi* Lend-Lease *erano piuttosto frequenti tra i reparti dell'Armata Rossa schierati nel sud della Russia, anche perchè molti di tali materiali arrivavano nei porti dell'Iran e da lì erano inviati via terra verso l'Unione Sovietica.*

Settembre 1942. Gli Alpini in marcia verso il Don.

Sulla strada, una colonna di Penne Nere...

... e al margine di un campo, un momento di riposo per queste giovani contadine russe.

Salmerie di un reparto Alpino. Notare la mascotte!

Alcuni Fiat SPA CL 39 *di un reparto Alpino.*

Giugno 1942. Lo stendardo del Novara Cavalleria.

Elementi del Savoia Cavalleria.

Una pattuglia del Savoia Cavalleria *ha appena catturato alcuni soldati sovietici, che vengono perquisiti.*

Bambini ucraini presso una tradotta di Camicie Nere, 1942.

16 settembre 1942. Due giovani profughe russe.

Nella pagina successiva, l'interrogatorio di alcuni russi, probabilmente sospettati di essere partigiani. Notare il Ppsh 41 *sul tavolo, e, dietro i militari italiani, un ausiliario dell'est, riconoscibile dalla fascia da braccio.*

Carri L6/40 del LXVII Battaglione Bersaglieri.

Un controcarro da 47/32 viene caricato.

Un Breda 30 *delle Camicie Nere del* Tagliamento *in azione.*

Il Segretario del Partito Nazionale Fascista Aldo Vidussoni in visita al fronte russo a colloquio con il Generale Gariboldi.

Caposaldo degli Alpini sul Don. Due giovani Ufficiali esaminano un mitra Ppsh 41.

Il Bazar *di Rossosch. Sotto, una cerimonia militare all'80° Fanteria.*

Settembre 1942. Il Generale von Tippelskirch decora i soldati italiani distintisi nella 1ª battaglia del Don.

Il Generale von Tippelskirch, insignito della Ritterkreuz, *ispeziona la prima linea.*

La resa di un caposaldo sovietico.

I prigionieri vengono interrogati.

Settore del Don. Un caposaldo italiano ben mimetizzato.

L'azione di un reparto italiano sul Don.

Un punto di lavaggio e disinfezione mobile e un ospedale militare dell'ARM.I.R.

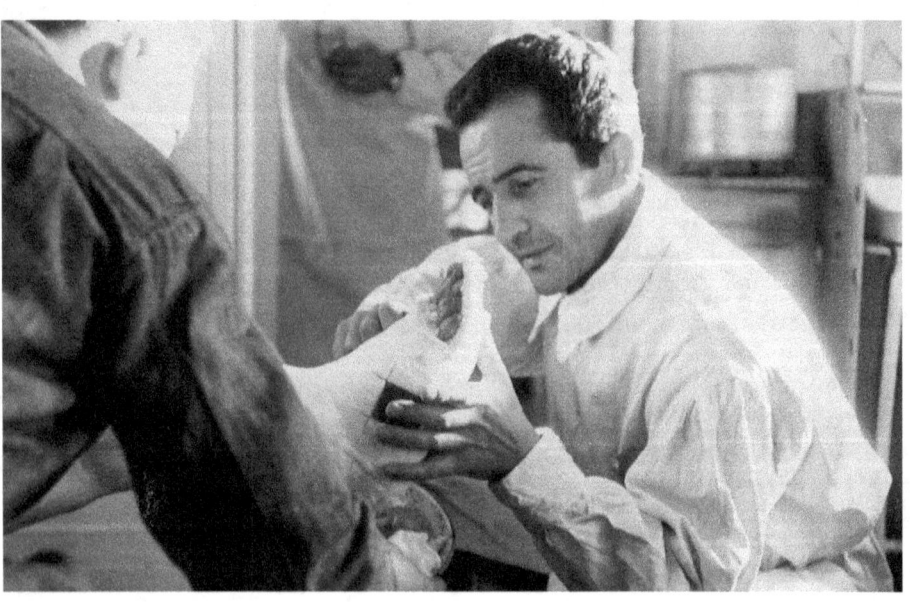

Una colonna di Panzerkampfwagen III Ausf. L *si dirige verso il fronte del Don.*

Contadine russe ad una funzione ortodossa.

Il Generale Gariboldi con un Ufficiale Cosacco.

I volontari cosacchi nel REI sono passati in rassegna dal Generale Gariboldi e dal Maggiore Ranieri di Campello.

Notare il distintivo sulla manica dell'Ufficiale cosacco ritratto nella pagina successiva.

Un deposito di un reparto di sussistenza italiano.

La capace stufa all'interno di una isba.

Autunno 1942. Caposaldo Alpino sul Don.

L'inverno: dei telefonisti provano una linea. Nella foto sotto, un pezzo da 149/40 mod. 35.

Inverno 1942/1943. Un 149/40 pronto al fuoco.

Inverno 1942/1943. Un pezzo italiano ben mascherato.

Postojalli. L'inizio della ritirata (foto Tenente A. Devoto).

I primi feriti (foto Tenente A. Devoto).

Skeliakino. Una Batteria di Nebelwerfer *sta per aprire il fuoco (foto Tenente A. Devoto)*

Alpini della Tridentina *nei primi giorni della sacca (foto Tenente A. Devoto).*

La colonna sotto il fuoco sovietico: si contrattacca (foto S. Esibiti).

Un animale viene macellato e diviso tra questi Alpini (foto Tenente A. Devoto).

Un aliante da trasporto Gotha Go 242 *con rifornimenti di munizioni e carburante per i pochi carri tedeschi della colonna (foto Tenente A. Devoto).*

Una sosta durante il ripiegamento (foto Tenente A. Devoto).

Nella pagina successiva, mentre un Tenente ripara i tiranti, gli Alpini stanchi per la dura marcia cercano di riposarsi appoggiandosi sulla slitta. Sullo sfondo, la colonna (foto Tenente A. Devoto).

Una drammatica immagine degli Alpini del Ceva in ripiegamento (foto G. Merlo).

La colonna si avvicina a Nikolajewka e all'ultima battaglia. Sulla destra, un mezzo tedesco (foto tratta da "Lo scarpone Orobico").

Lancieri del Novara *dopo la ritirata.*

I giorni della ritirata sono lontani per questo Alpino, dotato di divisa e equipaggiamenti nuovi.

Cerimonia militare presso la Divisione Ravenna, *prima del rientro in Italia.*

Mappe

Le cartine alle pagine 184-193 (avanzata dello C.S.I.R., avanzata dell'ARM.I.R., posizioni dell'ARM.I.R. sul Don, ritirata dell'ARM.I.R., ritirata del Corpo Alpino) sono state preparate da Paolo Plini e CNR-IIA-EKOLab – ai quali vanno i nostri ringraziamenti – nell'ambito del progetto "GIS Russia" http://webgis.iia.cnr.it/CampagnadiRussia/, che le ha poi ottimizzate per quest'opera. La cartina alle pagine 194-195 (combattimenti di ritirata del Corpo Alpino) è tratta da Zanotti – Morino, *Atti di leggenda, Russia '42-'43*, Genova 1968.

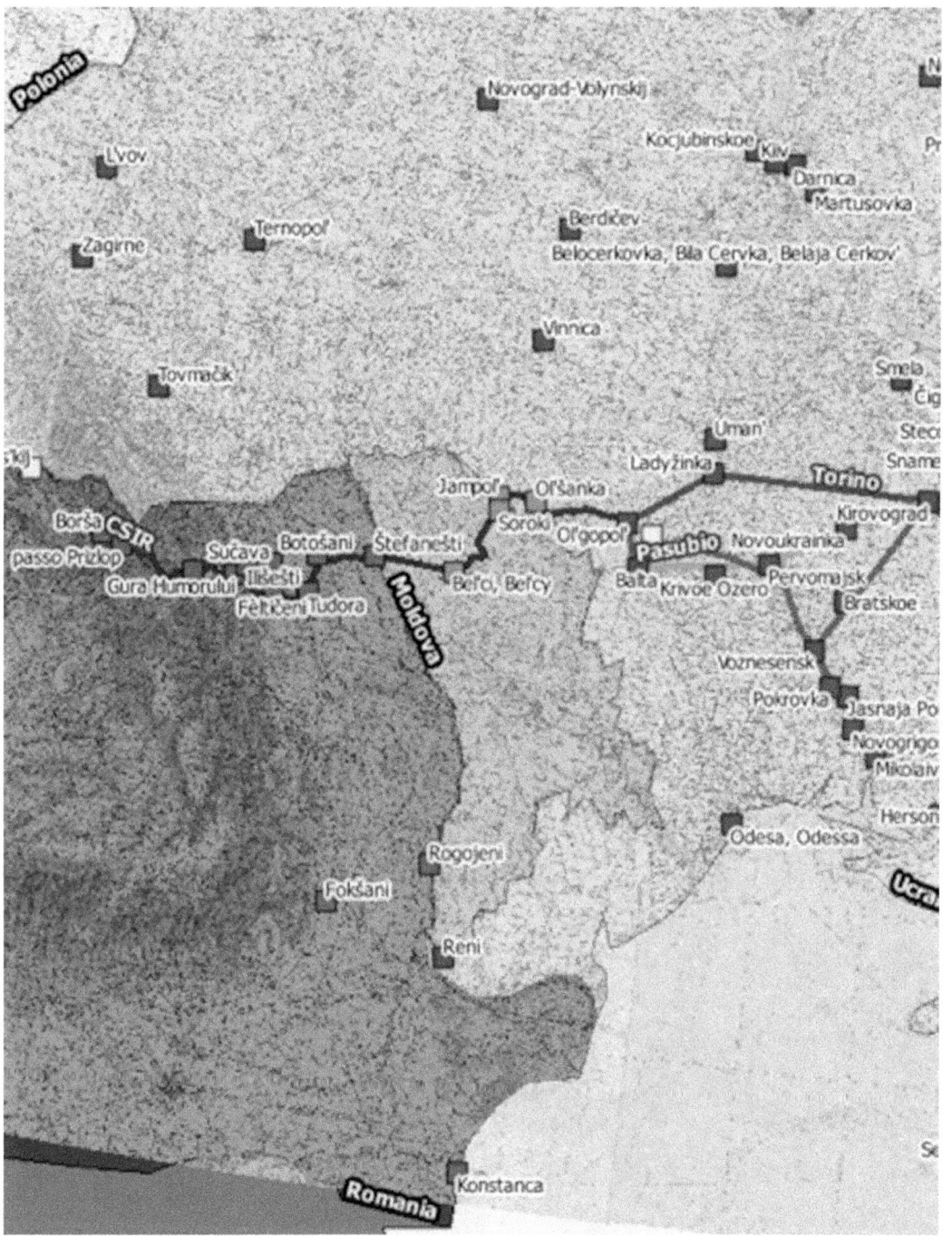

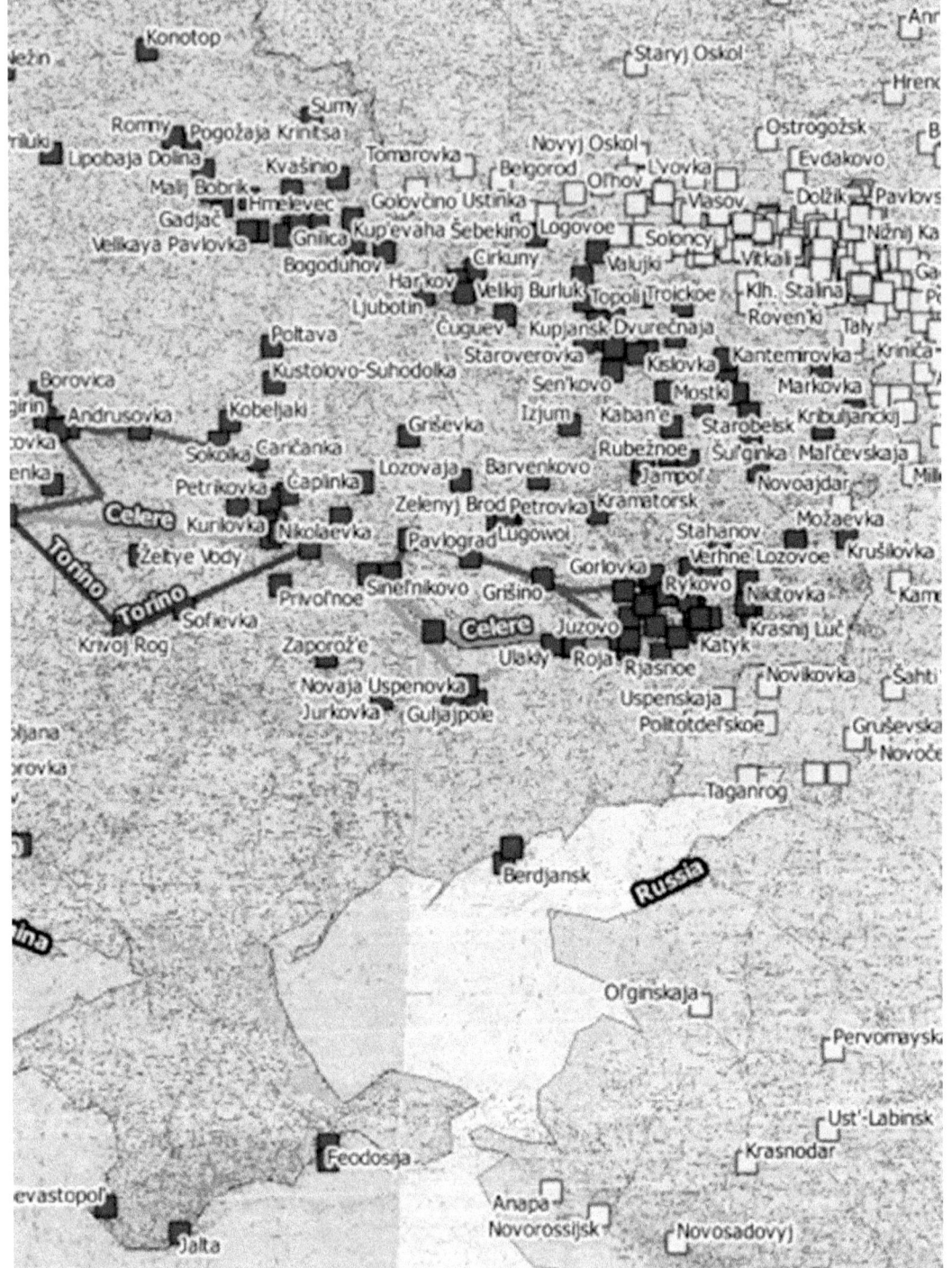

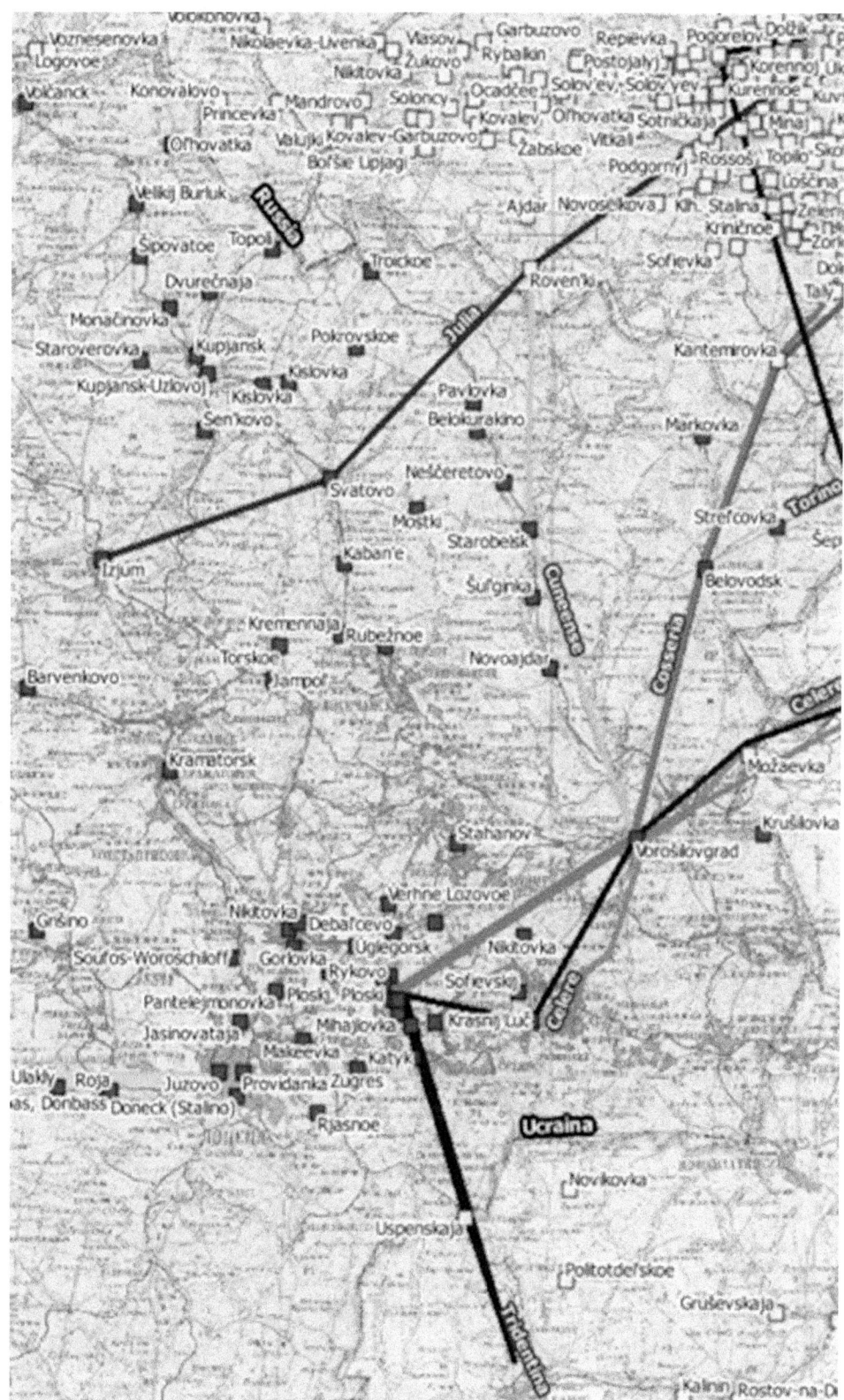

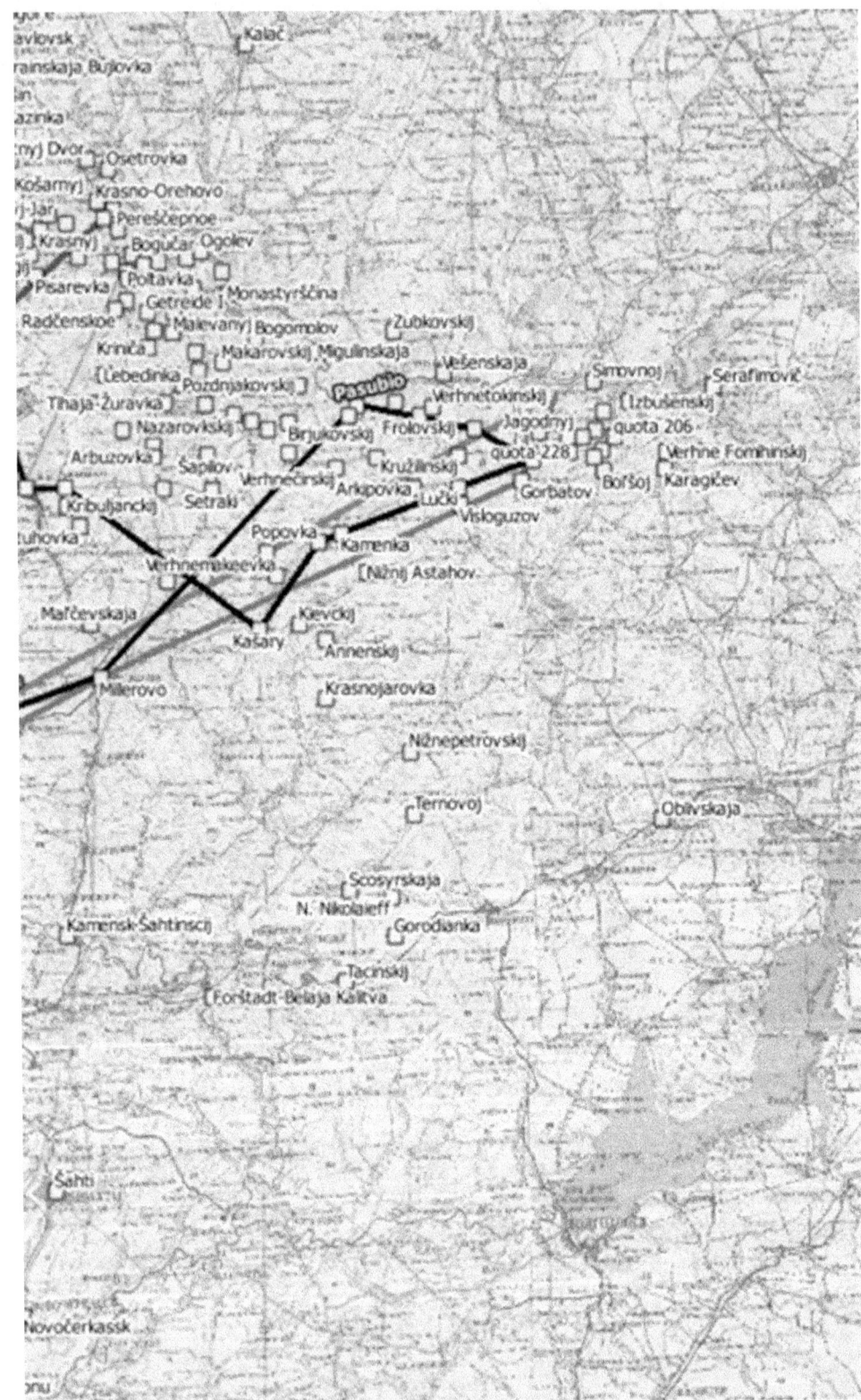

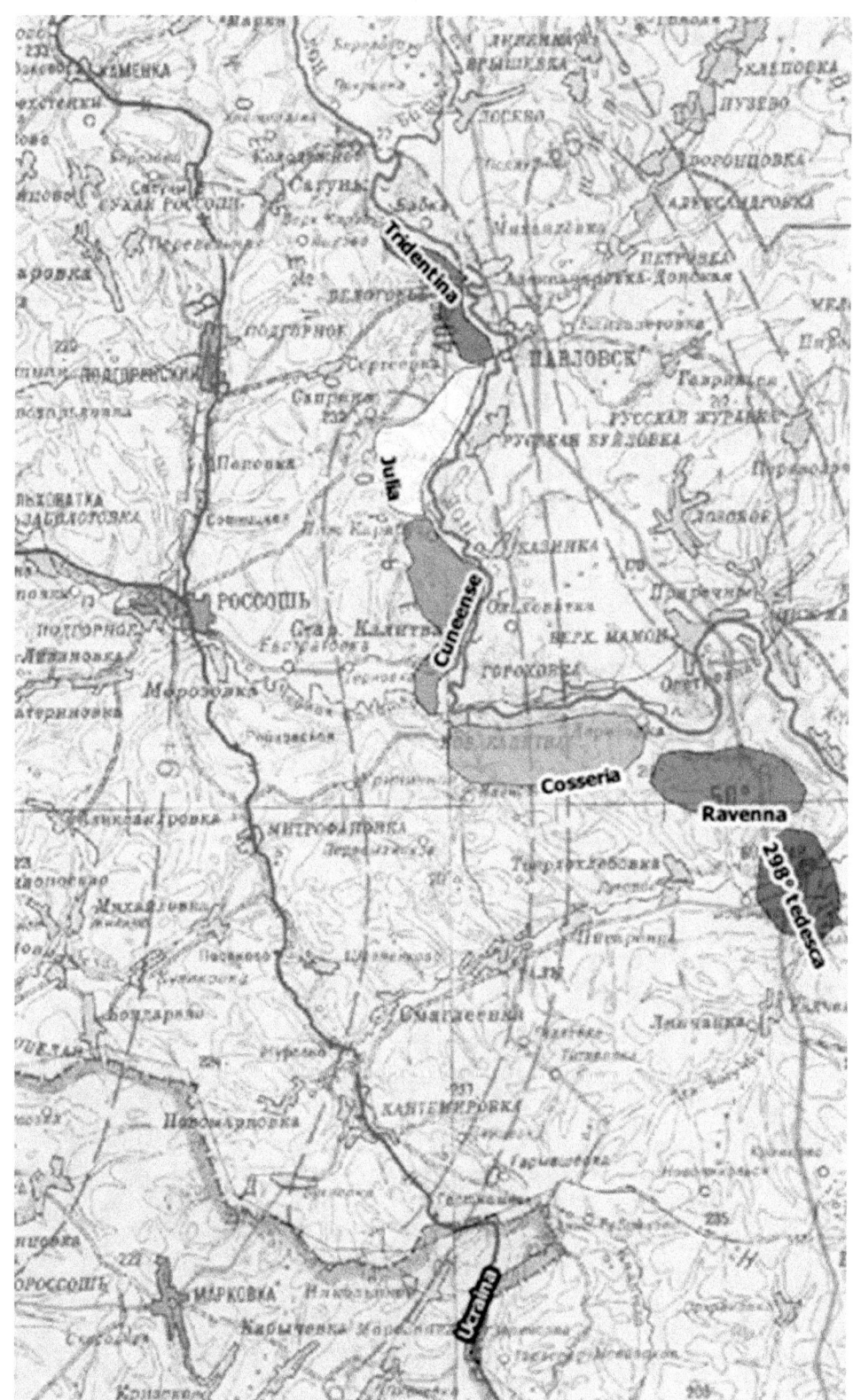

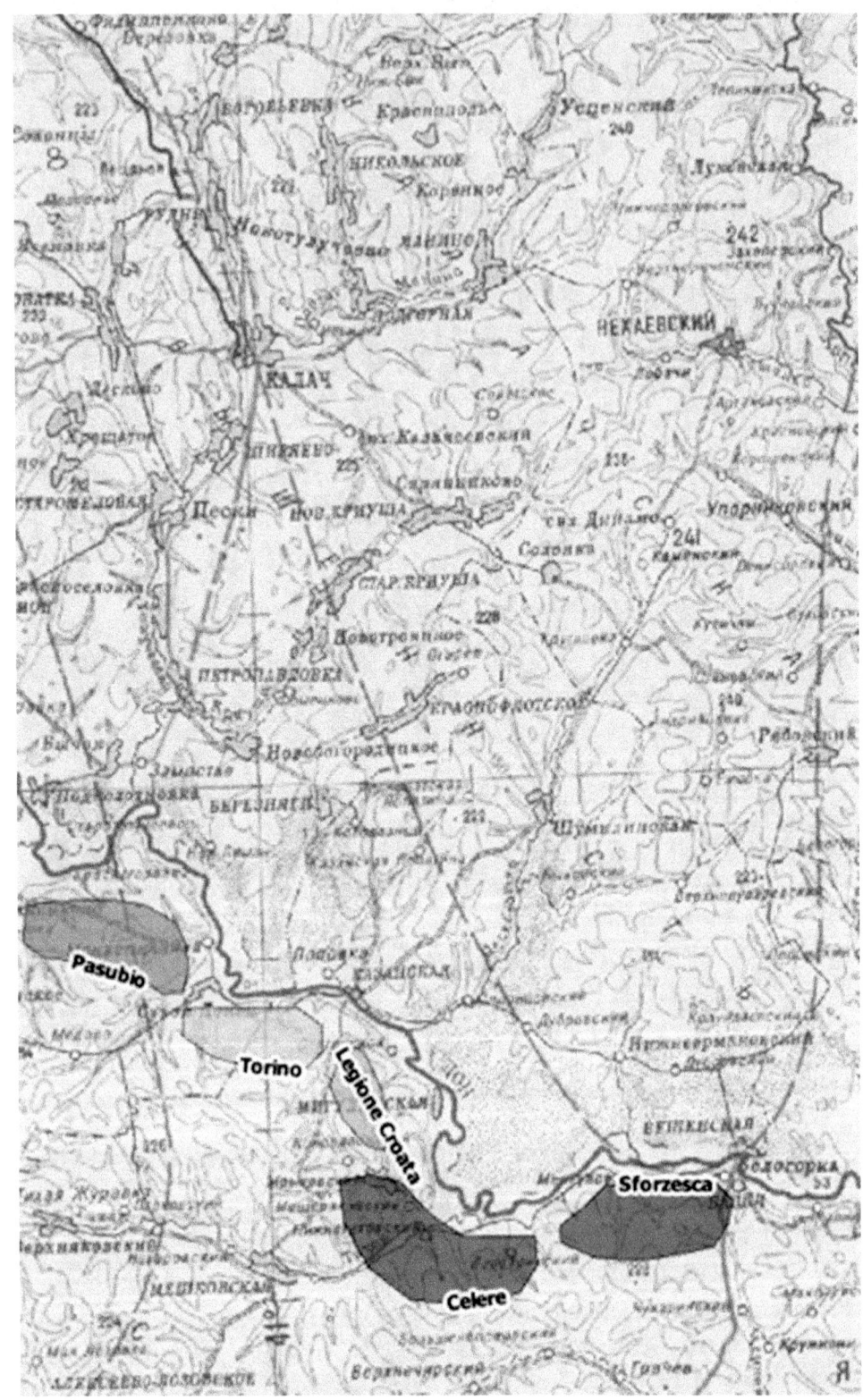

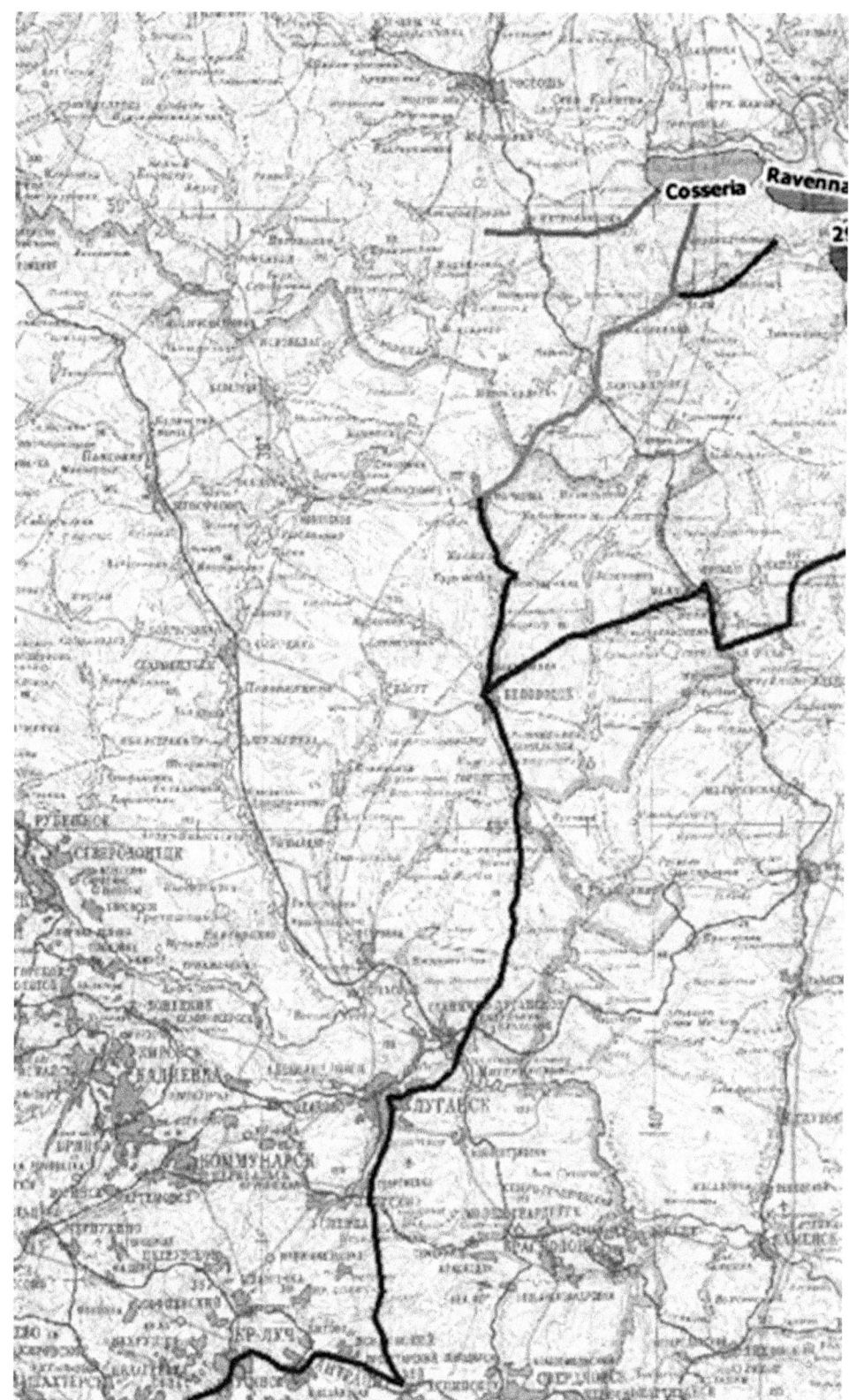

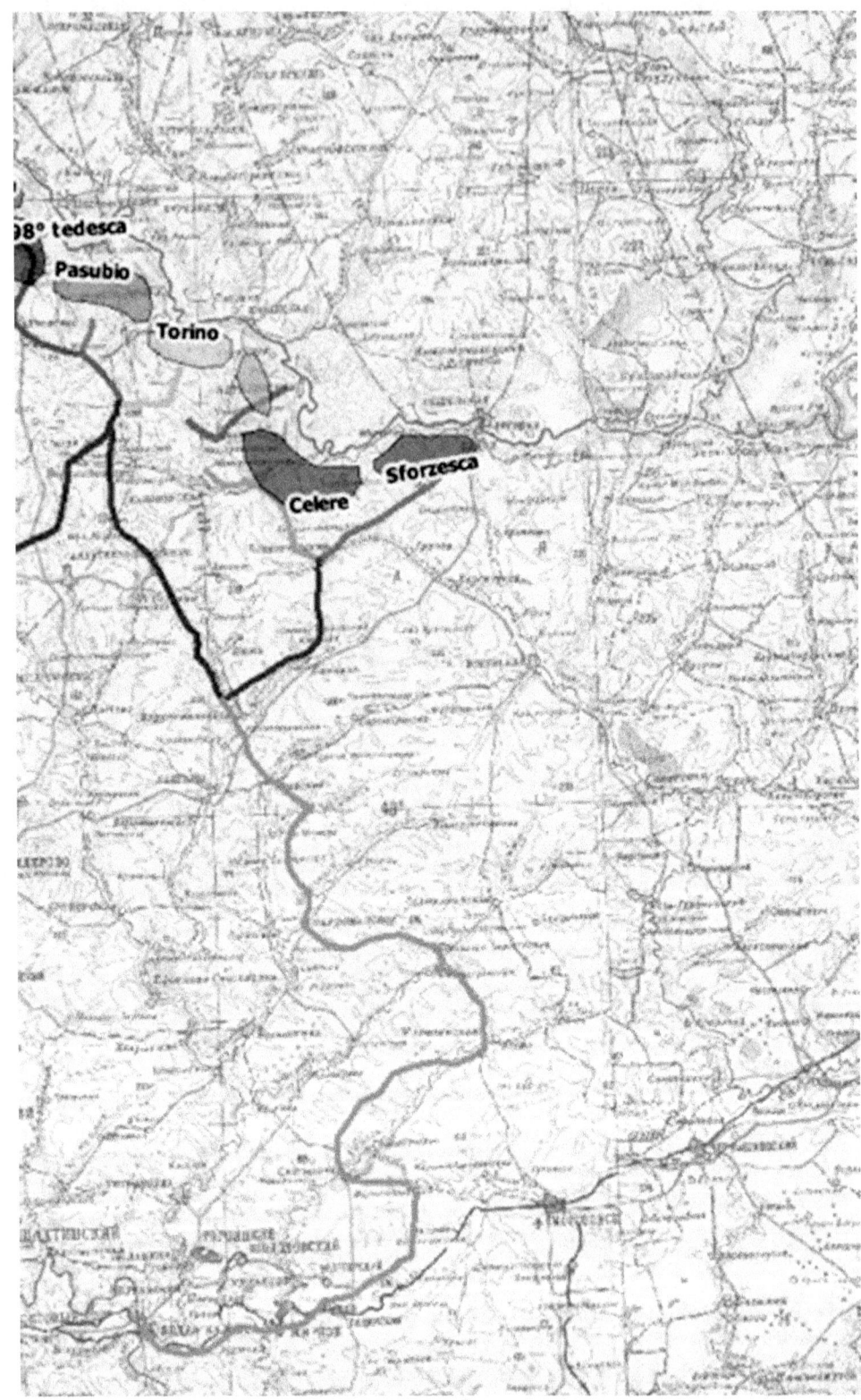

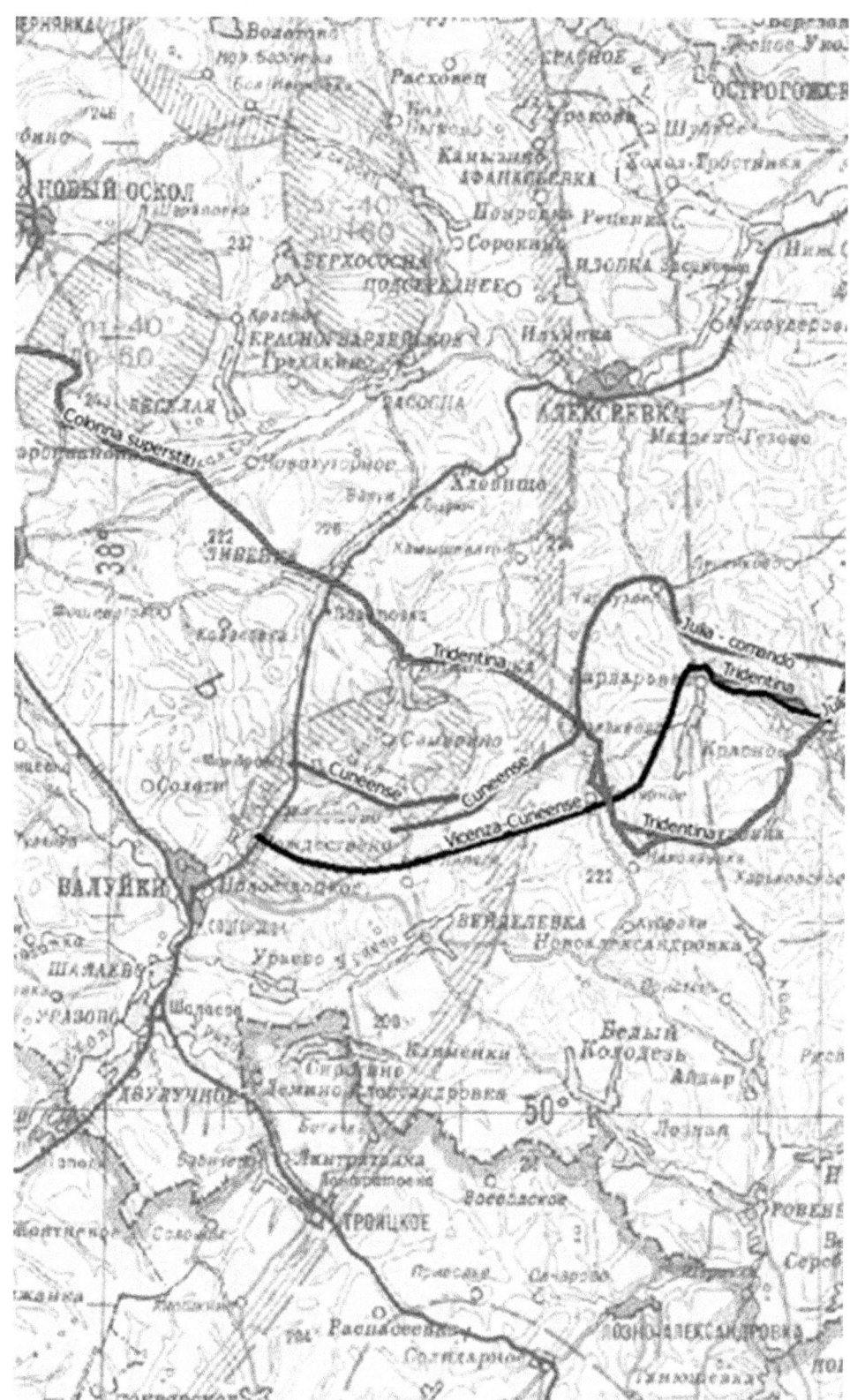

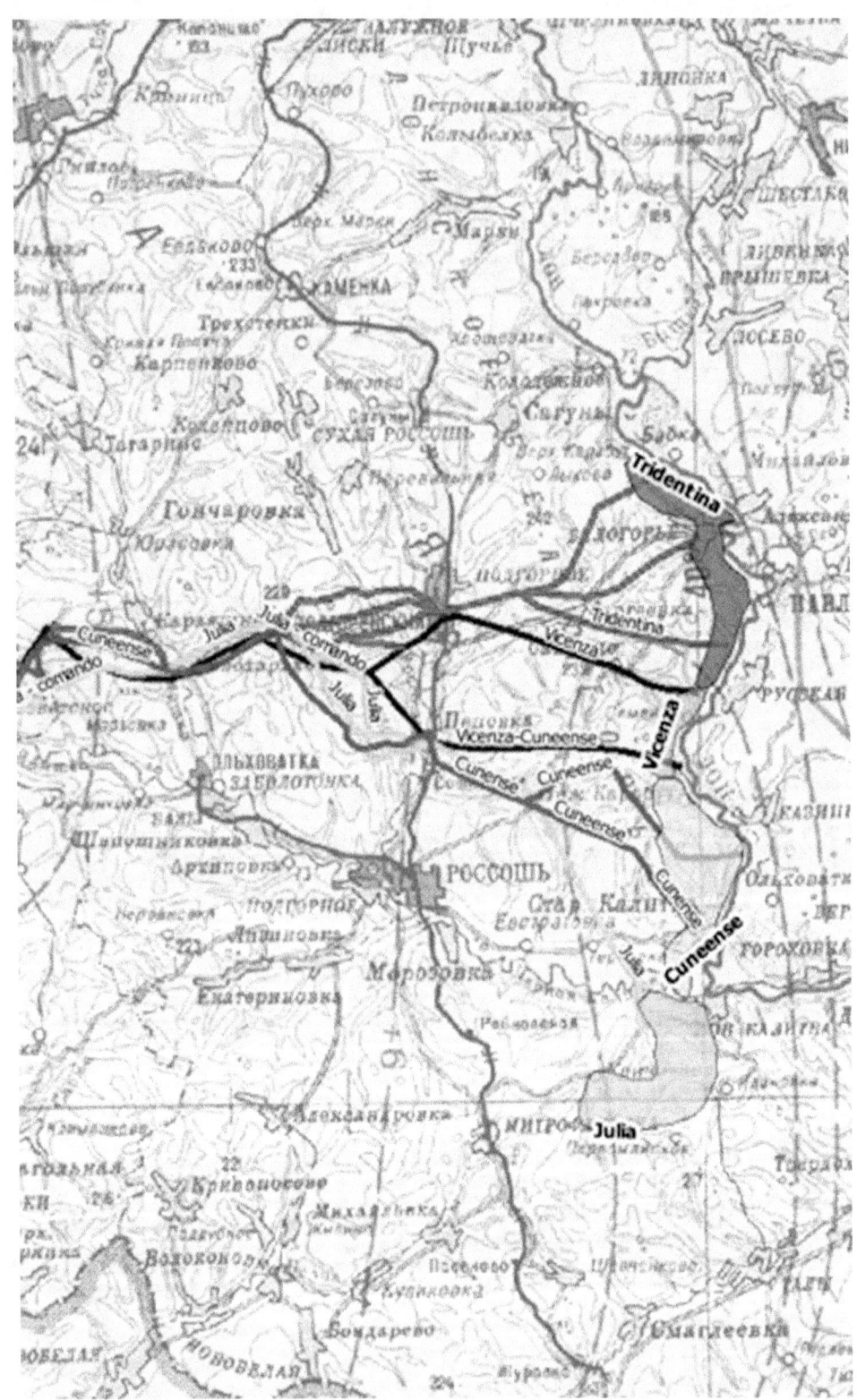

Diploma di conferimento del distintivo della Legione Tagliamento *per la partecipazione alla Campagna di Russia (collezione Luca Maiorano).*

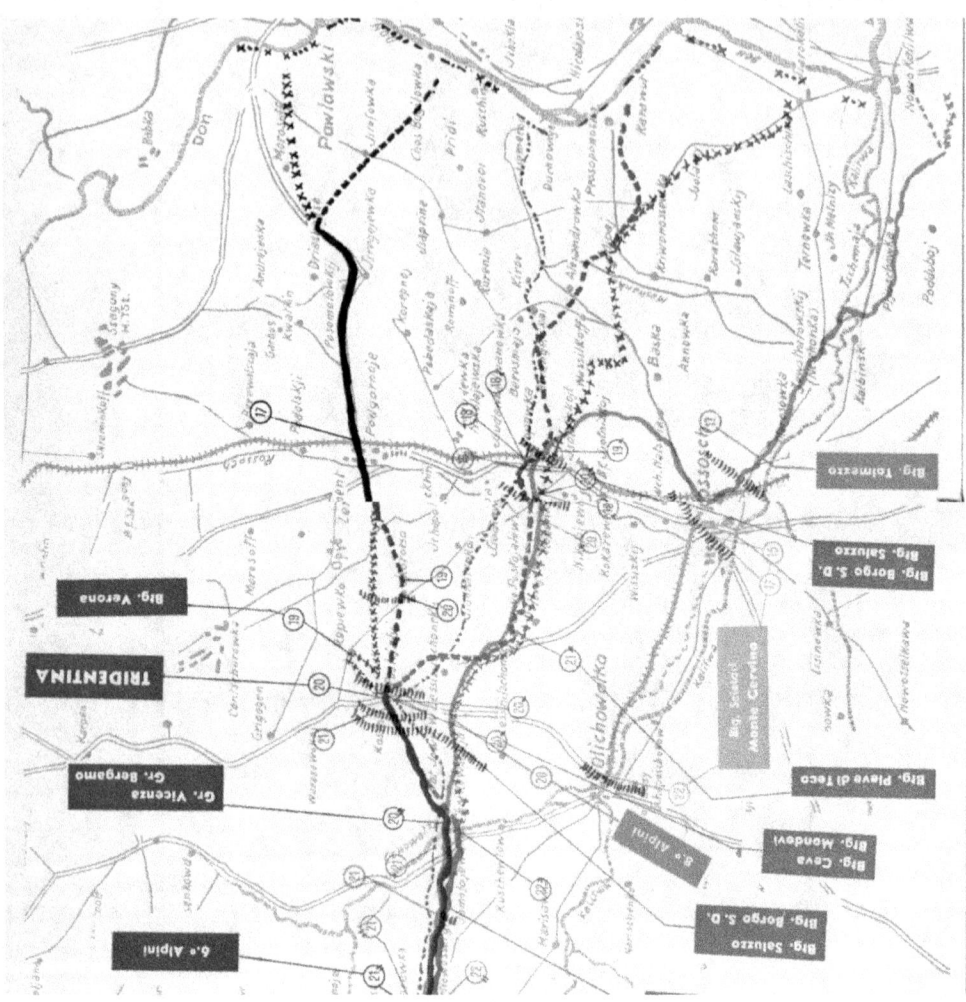

All'interno del circolo è indicata la data, e il riferimento lungo il bordo indica l'ora: un trattino, ore antimeridiane, due trattini, pomeridiane.

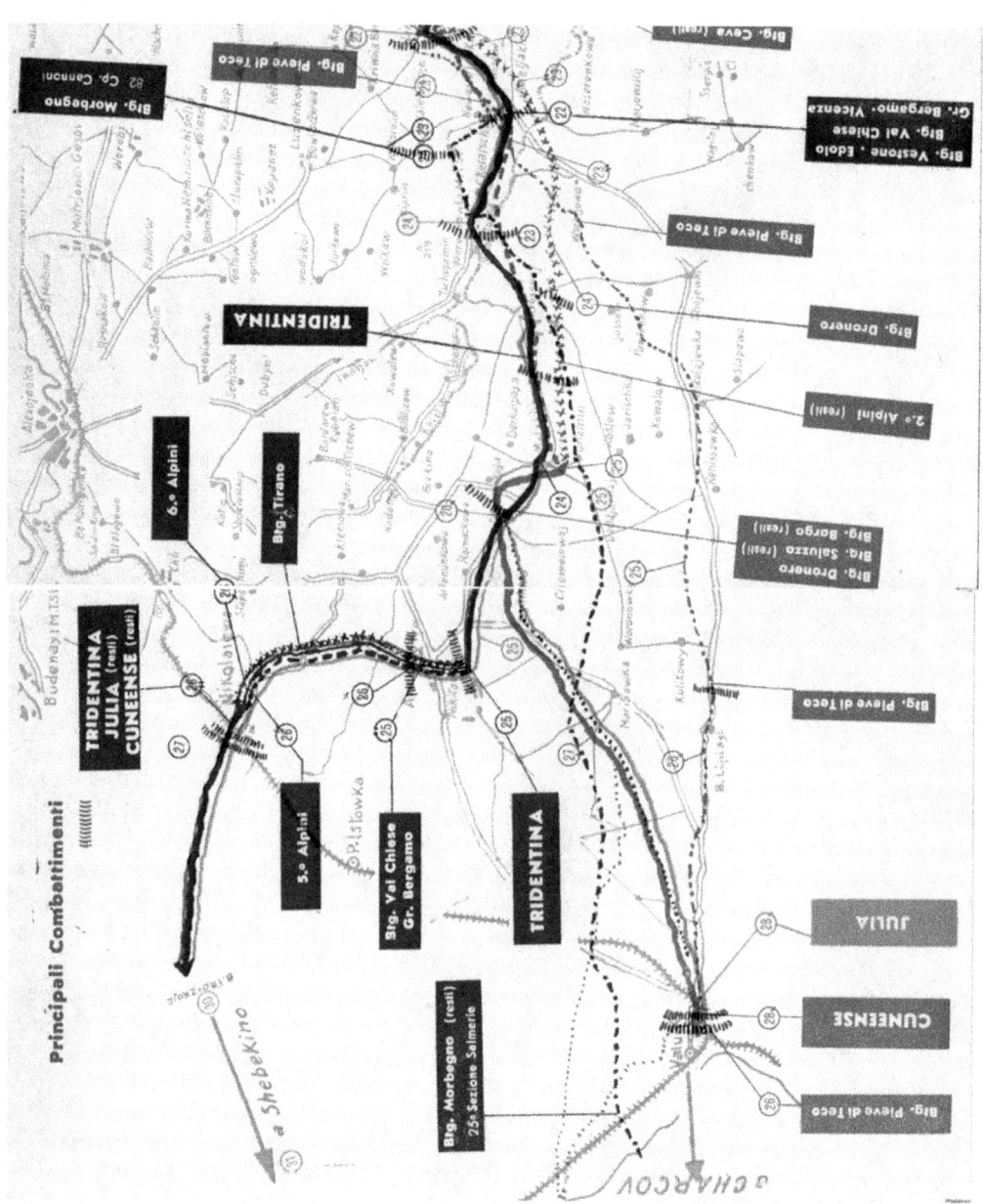

APPENDICI

I comandanti italiani in Russia

Generale di Corpo d'Armata

Francesco Zingales

Il primo comandante del Corpo di Spedizione Italiano in Russia era nato a Longi, in provincia di Messina.
Dopo aver frequentato l'Accademia di Modena, Zingales aveva partecipato alla Grande Guerra, guadagnandosi tre medaglie d'argento e due di bronzo al Valor Militare.
Nel 1925 venne promosso Colonnello, e destinato al comando del 23° Reggimento fanteria *Como*.
Nel 1936 Zingales divenne generale di brigata e comandante della Scuola di Applicazione di Fanteria e Cavalleria di Parma; tre anni dopo, nel 1939, ricevette la nomina a generale di Divisione, e divenne comandante della Divisione *Piave*.
Da generale di Corpo d'Armata, memore delle esperienze tedesche, fu grande fautore della meccanizzazione dell'Esercito.
Nell'aprile 1941 Zingales entrò alla testa del suo Corpo d'Armata Autotrasportato in Jugoslavia, distinguendosi particolarmente per la rapidità dell'avanzata delle sue truppe che travolsero letteralmente l'esercito jugoslavo, che si arrese quasi senza resistenza.
L'undici aprile iniziò l'offensiva: lo stesso giorno cadde Lubiana con un colpo di mano di bersaglieri motociclisti, che precedettero i tedeschi, che puntavano anch'essi sulla città; il giorno seguente, occupate Karlovac, Segna e Sebenico, le sue truppe si congiunsero con quelle tedesche. La rapidità dell'avanzata di Zingales lasciò stupiti i tedeschi, abituati a considerare gli italiani lenti e scarsamente efficienti.
Il 15 fu la volta di Spalato, ed il 17 le truppe italiane che scendevano da nord si ricongiunsero con quelle dell'Albania a Ragusa (Dubrovnik).
Da generale di Corpo d'Armata, memore delle esperienze tedesche, fu grande fautore della meccanizzazione dell'Esercito.
Il Corpo d'Armata Autotrasportato, noto appunto come Corpo d'Armata Zingales, che comprendeva le divisioni *Pasubio* e *Torino* e la 3ª Divisione Celere *Amedeo duca d'Aosta*, era ritenuto il più moderno del regio Esercito, e per questo fu reputato il più adatto per essere inviato sul fronte orientale.
Rinominato C.S.I.R., il Corpo d'Armata Zingales era in trasferimento quando il suo comandante venne colto da un grave malore mentre si trovava a Vienna, e dovette essere sostituito dal gen. Messe.
Una volta ristabilitosi, Zingales venne mandato in Libia a sostituire il generale Gambara, a causa dei gravi contrasti di questi con Rommel. Il 31 dicembre Zingales assunse il comando del Corpo d'Armata di Manovra (CAM), formato dalla 132ª Divisione Corazzata *Ariete* e dalle divisioni motorizzate *Trieste* e *Trento*, posto alle dirette dipendenze del *Panzergruppe Afrika* di Rommel.
Il CAM – poi XX CdA – si dimostrò la migliore unità italiana della guerra, ed il suo ruolo nella lotta intorno a Tobruk fu decisivo, come anche nella successiva avanzata in Egitto con-

clusasi ad El Alamein[123].

Il 5 marzo il CAM venne ridenominato XX Corpo d'Armata, ed il 21 dello stesso mese Zingales lasciò il comando al generale Ettore Baldassarre.

In autunno, quando Messe chiese di essere rimpatriato a seguito dei contrasti con i tedeschi e con il comando dell'ARM.I.R., il 1 novembre Zingales riassunse il comando della sua vecchia unità, che era stata rinominata XXXV Corpo d'Armata, di cui diresse brillantemente malgrado le pesantissime perdite la ritirata, che non presentò i cedimenti che invece investirono alcune unità di fanteria del II Corpo d'Armata.

Dopo la guerra venne nominato giudice militare per l'inchiesta sulla sparizione dell'oro di Dongo e per gli omicidi legati alla tenebrosa vicenda, guadagnandosi l'odio del Partito Comunista italiano, pesantemente coinvolto a livello sia locale che nazionale. Malgrado gli sforzi di Zingales il tutto finì insabbiato.

Il generale Zingales morì a Milano nel 1952.

---

[123] Scrive Lucio Ceva (Ceva 1982, p. 45) che il CAM *fu l'unica unità meccanizzata che l'industria italiana riuscì a mantenere in vita e [...] si trattò del solo nostro reparto che, in tutto il secondo conflitto mondiale, fece moderna guerra motocorazzata. Con le sue divisioni "Ariete" e "Trieste", cui nel 1942 si aggiunse la "Littorio", esso operò sempre in stretta collaborazione con l'Afrika Korps, suscitando apprezzamenti di Rommel come questo. "Bisogna dire che le prestazioni di tutte le unità italiane, ma specialmente delle unità motorizzate, superarono di molto ciò che l'esercito italiano ha fatto negli ultimi decenni"*

Maresciallo d'Italia Giovanni Messe

Nato a Mesagne (BR) il 10 dicembre 1883.
Entrò nel Regio Esercito nel dicembre 1901 come volontario, proseguendo, da Sottufficiale, la carriera sino al 1910, data in cui dopo aver frequentato il Corso Speciale per Sottufficiali Allievi a Modena, venne promosso Sottotenente nell'Arma di Fanteria.
Inviato in Libia, partecipò al combattimento di Sciara Zanja vicino a Tripoli dove il suo Reggimento ottenne una Medaglia d'Oro al Valor Militare e successivamente guadagnò una decorazione al Valore, ma nel settembre 1912 dovette rientrare in Italia per motivi di salute.
Nel 1913 conseguì la promozione al grado di Tenente e fu assegnato al III Battaglione dell'84° Fanteria *Venezia* di stanza in Libia.
Il 17 novembre 1915 ebbe la promozione al grado di Capitano. Venne rimpatriato definitivamente alla fine del 1916 e quindi destinato al fronte nelle file del 57° Fanteria della brigata *Abruzzi*, nel cui ambito nell'agosto seguente assunse interinalmente il comando di un Battaglione ed alla cui guida si guadagnò una seconda decorazione al Valore.
Distintosi nuovamente in combattimento, nel 1917 guadagnò una terza decorazione al Valore. Ferito in combattimento, nel periodo di convalescenza fu promosso al grado di Maggiore.
Passato dal 16 gennaio 1918 nel VI, poi IX, Reparto di Assalto della 18a Divisione, nel maggio seguente guadagnò una quarta decorazione al Valore a Grazigna e nella battaglia del Solstizio – impiegato nella zona di Col Moschin – ottenne la Croce dell'Ordine Militare di Savoia (quinta decorazione) dopo aver conquistato il Fenilon ed il Col Moschin in dieci minuti.
Passato con il suo Battaglione di "Fiamme Nere" (Arditi) nella zona di Monte Asolone, il 24 giugno 1918 guadagnò una sesta decorazione al Valore rimanendo ferito alla coscia sinistra da una bomba a mano. Rientrato in servizio all'inizio del 1919 presso il IX Reparto di Assalto, a Risano, a causa dello scioglimento del Reparto passò in forza al Deposito di Padova e nel maggio conseguì la promozione a Tenente Colonnello per "merito di guerra".
Impegnato nelle operazioni in Albania, guadagnò una settima decorazione al Valore. Nell'aprile 1923, lasciati gli incarichi di membro presso la Commissione Collaudi e di Giudice del Tribunale, che nel frattempo aveva assunto, divenne Aiutante di Campo effettivo del re Vittorio Emanuele III.
Nominato al termine del prescritto periodo quadriennale Aiutante di Campo Onorario del Re, nel 1927, fu assegnato al 9° Bersaglieri e promosso al grado di Colonnello, ne divenne il Comandante.

Lasciato dal 16 settembre 1935, dopo 8 anni, il comando del Reggimento, fu incaricato del Comando della 3ª Brigata Celere di Verona, di cui divenne Comandante, all'atto della promozione a Generale di Brigata.

Successivamente fu nominato Vice Comandante della Divisione Fanteria *Cosseria*, nelle cui file partecipò alle operazioni finali della Campagna in Africa Orientale contro l'Etiopia. Rientrato in Italia da Massaua il 28 settembre 1936, il 1° novembre dello stesso anno venne nominato addetto all'Ispettorato delle Truppe Celeri e quindi Comandante della 3ª Divisione Celere *Principe Amedeo Duca d'Aosta* di Verona con il grado di Generale di Divisione.

Nel 1939 fu nominato Vice Comandante del Corpo di Spedizione in Albania, e in tale veste partecipò alle operazioni per la conquista di quel paese, guadagnando per il suo valore la Croce di Ufficiale dell'Ordine Militare di Savoia (ottava decorazione).

Lasciato il comando della 3ª Celere, fu nuovamente destinato in Albania, dove venne nominato Comandante del Corpo d'Armata Speciale. Si distinse particolarmente in tale veste nel ciclo operativo sul fronte albanese del dicembre 1940 - aprile 1941, guadagnandosi la promozione a Generale di Corpo d'Armata per "merito di guerra" e la stima personale di Mussolini.

Il 14 luglio 1941 venne nominato Comandante del Corpo di Spedizione Italiano in Russia (CSIR), ed il giorno dopo partì per la Russia.

Partecipò in tale veste alle operazioni del 1941-1942 in Ucraina combattendo vittoriosamente dal fiume Dnjepr al Don e guadagnandosi la Croce di Commendatore dell'Ordine Militare di Savoia (nona decorazione) e due decorazioni al Valore tedesche, tra cui la Croce di Cavaliere (decima ed undicesima decorazione) ed il 10 luglio 1942, nel quadro del potenziamento del contingente italiano in Russia, assunse il comando del XXXV C.A. (il vecchio C.S.I.R.), inquadrato nell'ARM.I.R. (Armata Italiana in Russia).

Lasciato il comando del XXXV C.A. alla fine del 1942 ricevette la promozione a Generale d'Armata per "meriti di guerra" – ed il 17 dicembre dello stesso anno ricette una ulteriore altra decorazione germanica (dodicesima decorazione). Nel febbraio 1943 parte per Tunisi ove assume il comando della 1ª Armata Italiana (la vecchia ACIT, Armata Corazzata Italo-Tedesca o *Panzerarmee Afrika*) mobilitata in Tunisia subentrando al Maresciallo Erwiin Rommel.

Partecipò in tale veste alle operazioni in quel fronte distinguendosi per valore e perizia, riuscendo a bloccare per mesi L'Ottava Armata Britannica di Montgomery, assai superiore per armi, corazzati e padrona dell'aria sulle linee successive del Mareth, dell'Akarit e di Enfidaville, guadagnando fra l'altro la Croce di Grand'Ufficiale dell'Ordine Militare di Savoia (tredicesima decorazione) e il 12 maggio dello stesso anno gli venne comunicata da Mussolini la promozione a Maresciallo d'Italia per "merito di guerra". Il Maresciallo Alexander ebbe a dire che in Tunisia gli italiani si batterono molto meglio dei tedeschi. Il Duce ordinò al neo Maresciallo di arrendersi il giorno successivo, ventiquattr'ore dopo i tedeschi di von Arnim.

Fatto prigioniero il 13 maggio 1943 dopo la resa della 1ª Armata a Capo Bon, venne trasferito in Inghilterra. Dopo l'armistizio fu nominato Capo di Stato Maggiore Generale, incarico che mantenne fino al 1° maggio 1945, mentre il 1° febbraio dello stesso anno aveva ricevuto la nomina a Presidente del Consiglio dell'Ordine Militare d'Italia.

Collocato nella riserva dal 27 marzo 1947, nel 1953 fu eletto Senatore della Repubblica nelle liste del Partito Monarchico, e si distinse per la sua attività per la rinascita delle FFAA, per la sua vivace polemica anticomunista e di difesa della memoria dei suoi combattenti di Russia, e nel tentativo di far luce sulla sorte dei dipersi.

Il Maresciallo Messe morì a Roma il 18 dicembre 1968[124].

---

124 http://www.difesa.it/SMD/CaSMD/Capi-SMD/MESSE.htm

Generale d'Armata Italo Gariboldi

Italo Gariboldi nacque a Lodi il 20 aprile 1879; frequentò l'Accademia militare, al termine della quale fu nominato ufficiale nel 1899. Partecipò alla campagna di Libia (1911-1913) ed al Primo conflitto mondiale, nel corso del quale fu promosso due volte per meriti di guerra e si guadagnò una Medaglia d'Argento al Valor Militare. Al termine del conflitto era Capo di Stato Maggiore della 45ª Divisione.

Nel primo dopoguerra fu nominato presidente della commissione per la delimitazione dei confini con il neonato regno degli Slavi del Sud (Jugoslavia). Nel 1926 divenne Colonnello comandante del 26° Reggimento fanteria *Bergamo*.

Promosso generale, comandò l'Accademia Militare di Modena e la Scuola di Applicazione di Parma. Durante la guerra italo-etiopica comandò la 30ª Divisione di fanteria *Sabauda* fu governatore di Addis Abeba e vice capo di S.M. dell'Africa Orientale Italiana.

Nel 1940 allo scoppio della guerra comandava la 5ª Armata, schierata al confine libico-tunisino, lungo la linea del Mareth con funzioni esclusivamente di osservazione e difensive, e, dopo il richiamo di Graziani a seguito della sconfitta italiana nell'operazione *Compass* venne nominato Governatore della Libia e comandante supremo delle Forze Armate in Africa Settentrionale, carica che ricoprì dal dal 25 marzo al 19 luglio del 1941.

Quando giunse in Libia il *Deutsche Afrika Korps*, sorsero dissidi tra Gariboldi e Rommel, che ne era nominalmente subordinato, e Gariboldi fu sostituito dal gen. Ettore Bastico e posto *a disposizione*.

Il 10 luglio 1942 fu destinato al comando dell'ARM.I.R. Schierato difensivamente sulla linea del Don (comprese le Divisioni alpine, originariamente destinate all'impiego nel Caucaso), l'ARM.I.R venne travolto durante la gigantesca offensiva invernale sovietica 1942-43; a partire dal 16 dicembre 1942 (Operazione Piccolo Saturno) ebbe inizio la tragedia militare e umana dell'Armata Italiana in Russia. Alla fine di gennaio 1943 i resti dell'8a Armata vennero ritirati dal fronte per essere poi richiamati in Italia a marzo. Il 1° aprile 1943 Gariboldi fu insignito della *Ritterkreuz* dai tedeschi.

Dopo l'8 settembre venne arrestato dai tedeschi e condannato a dieci anni di reclusione da un tribunale militare della RSI per tradimento per aver aderito al Governo Badoglio.

Alla fine della guerra si ritirò a vita privata. Morì a Roma nel 1970 e fu seppellito a Lodi, nella tomba di famiglia.

Medaglie d'Oro al Valor Militare conferite a reparti italiani che combatterono nella Campagna di Russia[125].

Al labaro del 63° Gruppo Battaglioni M d'Assalto *Tagliamento*.

Erede e continuatore di unità CC.NN. della quale, col nominativo, assumeva titoli preclari di reputazione e di valore, durante inseguimento di nemico agguerrito ed esperto, riaffermava tempra battagliera, sicura prestanza e saldezza militare. Dislocato in posizione fiancheggiante in settore di delicata importanza, al primo allarme, balzava compatto contro colonne bolsceviche, che tentavano di guadagnare terreno sulla destra del Don, e in cruenti duelli, ne frenava l'urto. Successivamente accerchiato in un caposaldo, vi resisteva intrepido per alcuni giorni, sopportando perdite gravi in morti e feriti. Mentre le munizioni stavano per esaurirsi, i superstiti si facevano largo tra i nemici, con bombe a mano: rompevano il blocco e raggiungevano con gli altri combattenti delle posizioni vicine con inalterato spirito offensivo e indomita volontà di riscossa.
Fronte Russo (Nikitino - Schterowa - Ansa del Don - Tschebotarevskij - luglio-agosto 1942).

Alla bandiera del 37° Reggimento Fanteria *Ravenna*.

In un importante settore sul Don, dove già nei mesi precedenti aveva sempre stroncato ripetuti e violenti attacchi in forze, sosteneva valorosamente per più giorni l'urto di poderose masse e mezzi nemici infliggendo — con l'eroica resistenza e con gli impetuosi contrattacchi condotti a prezzo di gravi sacrifici — perdite così sanguinose specie alle fanterie avversarie da paralizzarne per più settimane ogni capacità offensiva. Dopo circa un mese i fanti superstiti confermavano al Donez le magnifiche doti di valore e di eroismo dei tanti camerati immolatisi sul Don. Ferreo nella resistenza, irresistibile nell'assalto, col suo sublime eroismo e col suo generoso sacrificio dava nuova prova delle insuperabili virtù del Fante d'Italia.
(Don - Donez, agosto 1942 - gennaio 1943). (Decr. 31 dicembre 1947).

Alla bandiera del 38° Reggimento Fanteria *Ravenna*.

Insuperabile barriera di armi e di cuori manteneva saldamente per sette giorni contro ripetuti violenti attacchi avversari l'importante settore affidatogli sul Don, dove già nei mesi precedenti aveva stroncato ogni velleità nemica e di fronte all'avversario dieci volte superiore in forze e mezzi lottava strenuamente infliggendo, col sacrificio della massa dei suoi fanti, perdite tanto gravi all'avversario da paralizzare per più settimane ogni capacità offensiva della sua fanteria. Al Donez, dopo circa un mese, i non domi superstiti confermavano, con l'eroica resistenza e con il travolgente contrattacco, le magnifiche doti di valore e di eroismo luminosamente dimostrate al Don. Ferreo nella resistenza, irresistibile nell'assalto, col suo sublime eroismo e col suo generoso sacrificio dava nuova prova delle insuperabili virtù del Fante d'Italia.
(Don - Donez, agosto 1942 - gennaio 1943). (Decr. 31 dicembre 1947).

Alla bandiera del 53° Reggimento Fanteria *Sforzesca*.

Nella grande battaglia invernale tra Don e Donez, i fanti del 53° Reggimento fanteria, già copertisi di gloria a Jagodnij, si schieravano quale estrema retroguardia del corpo d'armata su una linea interme-

---

125 Si noti come, con l'unica eccezione del Gruppo CC.NN. *M Tagliamento*, non siano stati decorati i labari della Milizia, anche se i Gruupi *Leonessa*, *Montebello*, *Valle Scrivia* si siano battuti assai meglio di altri reparti decorati (si pensi ai reggimenti della *Sforzesca*) che pure si resero responsabili di gravi cedimenti che minacciarono, come nell'agosto 1942, l'intero schieramento italiano. Ciò a riprova di come il politicamente corretto (essendo quasi tutti i decreti delle decorazioni postbellici) corrisponda di rado all'effettiva realtà storica.

dia e completamente scoperta sul fianco sinistro, assolvendo mirabilmente e con notevole contributo di sangue il grave e delicato compito loro assegnato. Sopravanzati alle ali da numerosi mezzi corazzati avversari rompevano di forza la cerchia nemica e dopo due giorni di asprissima battaglia riuscivano a ricongiungersi col resto della Divisione. Successivamente durante altri 15 giorni di accaniti combattimenti nella steppa ed in pieno inverno si battevano con indomita energia e superbo coraggio riuscendo a rompere vittoriosamente un nuovo accerchiamento del nemico. Confermavano così le gloriose tradizioni del passato e perpetuavano attraverso il loro valore ed il loro sacrificio le mirabili virtù guerriere della Fanteria italiana.
(Ob Tschirsky - Popowka - Aunenskij - Krassnojarowka, 18-31 dicembre 1942). (Decr. 31 dicembre 1947).

Alla bandiera del 54° Reggimento Fanteria *Sforzesca*.

Nella grande battaglia invernale fra Don e Donez, i fanti del 54° fanteria già duramente provati ma non piegati dalle dure battaglie dell'agosto 1941, in ripiegamento dal Don per ordini superiori, con serenità ed altissimo senso di disciplina e del dovere, invertivano, a nuovo ordine, la marcia e rioccupavano posizioni già sorpassate, nonostante la criticissima situazione per la presenza già nota di masse nemiche che avevano sorpassato il fiume. Attaccati da aviazione e, in seguito, di fronte e di fianco da forze corazzate avversarie, combattevano strenuamente in posto dando modo con il loro sacrificio ad altri reparti di sfuggire alla terribile morsa. Successivamente i superstiti, riuniti in Reggimento di formazione, durante altri 15 giorni di accaniti combattimenti nella steppa e nel rigore dell'inverno russo si battevano ancora con indomita fede e coraggio riuscendo a uscire vittoriosamente dal cerchio nemico. Tenevano così fede alle nobili e gloriose tradizioni del Reggimento, perpetuando attraverso il loro valore e sacrificio le mirabili virtù della Fanteria italiana.
(Russia: Don - Donez, agosto 1942). (Decr. 31 dicembre 1947).

Alla bandiera del 79° Reggimento Fanteria *Pasubio*.

In durissima, tenace, aggressiva e cruenta battaglia difensiva, di fronte a ripetuti, ostinati violenti assalti nemici, operati da forze ingenti, continuamente rinnovellantisi, riconfermava, superandole, le fulgide, eroiche tradizioni del passato. Attraverso larghissimo tributo di vite e di sangue, imposto dal nemico e dal clima, già aggirato sui fianchi ed oltrepassato sul tergo, fedele alla consegna ricevuta, con sublime eroismo, fede convinta ed eccelso spirito di sacrificio, manteneva salda la sacra linea intangibile affidata al suo onore ed al suo valore, anche quando già appariva ineluttabile il totale, estremo sacrificio. Rifulgeva nella successiva, logorante lotta, intesa ad aprirsi un varco ripetutamente, per vari giorni consecutivi, attraverso le imbaldanzite schiere dei mezzi corazzati accerchianti. Né le estenuanti tappe del tragico ripiegamento lungo la nevosa gelida steppa russa, né il calvario del supremo olocausto del superstite pugno d'eroi, incalzato, braccato e falcidiato, valsero a fiaccarne l'intrepido animo, il saldo cuore, e lo strenuo valore che, dopo oltre un mese di contrastata, sfibrante lotta, trionfavano sulla maggiore potenza dei mezzi nemici.
(Fronte del Don: Tereschowo Krasnogorowka - Ologew - Getreide Sweb - Schepilow - Sesepos - Kijewskje - Belaja Kalitwa - Arbusow - Tscherkowo, 1 dicembre 1942 - 15 gennaio 1943). (Decr. 31 dicembre 1947).

Alla bandiera dell'80° Reggimento Fanteria *Pasubio*.

In avanguardia ad una Divisione impegnata per l'accerchiamento di preponderanti forze nemiche, quantunque separato dalla propria colonna, attaccava arditamente l'avversario, sgominandolo. Distintosi al forzamento del Nipro e nella battaglia di Petrikowka, si lanciava con grande animosità all'inseguimento del nemico fedele alla sua antica reputazione di valore, incurante delle più aspre *fatiche e privazioni, raggiungeva per primo le forti retroguardie avversarie, cui negava tregua e scampo, debellandone ripetutamente l'ostinata resistenza. Inoltratosi tra gelo, fango e pioggia per trecento chilometri in territorio infestato da partigiani, affrontava di nuovo impari lotta, resa più perigliosa dall'isolamento e dalla penuria di rifornimenti ed al nemico, quattro volte superiore di numero, che deciso ad annientarlo lo circondava rabbiosamente in un villaggio, imponeva rispetto per nove giorni di duri combattimenti, obbligandolo infine a cedergli il passo. A conferma delle sue fiere qualità militari, si acquistava meriti altrettanto eletti nel prosieguo delle operazioni offensive e nella tutela di un delicato settore difensivo nonostante che l'eccezionale crudezza dell'inverno imponesse ai suoi ranghi duramente assottigliati inenarrabili patimenti e sacrifici.* Fronte russo: Jasnaja - Poliana - Wionowka - Shelesnoje - Gorlowka Nikitowka - Chazepetrowka - Ploskij, agosto 1941 - maggio 1942 (D.L. 8 febbraio 1945).

Alla bandiera dell'80° Reggimento Fanteria *Pasubio*.

In durissima, tenace, aggressiva e cruenta battaglia difensiva, di fronte a ripetuti ostinati violenti assalti nemici, operati da forze ingenti, continuamente rinnovellantisi, riconfermava, superandole, le fulgide, eroiche tradizioni del passato. Attraverso larghissimo tributo di vite e di sangue, imposto dal nemico e dal clima, già aggirato, sui fianchi ed oltrepassato sul tergo, fedele alla consegna ricevuta, con sublime eroismo, fede convinta ed eccelso spirito di sacrificio, manteneva salda la sacra linea intangibile affidata al suo onore e al suo valore, anche quando già appariva ineluttabile il totale, estremo sacrificio. Rifulgeva nella successiva, logorante lotta, intesa ad aprirsi un varco ripetutamente, per vari giorni consecutivi, attraverso le imbaldanzite schiere dei mezzi corazzati accerchianti. Né le estenuanti tappe del tragico ripiegamento lungo la nevosa, gelida steppa russa, né il calvario del supremo olocausto del superstite pugno d'eroi, incalzato, braccato e falcidiato, valsero a fiaccarne l'intrepido animo, il saldo cuore, e lo strenuo valore che, dopo oltre un mese di contrastata, sfibrante lotta, trionfavano sulla maggiore potenza dei mezzi del nemico. (Fronte del Don: Abrossimowo - Monastyrschina - Getreide - Swch - Arbusow - Tscherkowo, 1 dicembre 1942 - 15 gennaio 1943). (Decr. 31 dicembre 1947).

Alla bandiera dell'81° Reggimento Fanteria *Torino*.

Già decorata di medaglia d'argento per le vittorie riportate sul fronte orientale durante il primo anno della campagna di Russia, faceva sventolare i suoi gloriosi brandelli nella rapida avanzata dal Bulawin al Don nel luglio del 1942. Affermatosi in salde posizioni sul Don l'81° Reggimento lanciava su altro settore il primo Battaglione e quivi riconquistava una importante posizione, mantenendone il possesso nonostante i reiterati attacchi di forza del nemico. Sopravvenuto il duro inverno russo e con esso una poderosa offensiva del nemico a largo raggio, l'81° Reggimento Fanteria, gareggiando in disciplina e tenacia con gli altri reparti della Divisione, ripiegava ordinatamente secondo gli ordini ricevuti su una seconda linea prestabilita e, sopraggiunto poi l'ordine di un ripiegamento generale, si distingueva per valore e resistenza nel sostenere e rintuzzare più volte il poderoso urto nemico. Accerchiato una prima volta riusciva a rompere l'accerchiamento dopo due giorni di aspra lotta e raggiungere con epica, ininterrotta marcia durata oltre trentasei ore, a digiuno e fra i mortali tormenti di una bassissima temperatura, un altro più arretrato caposaldo entro cui, nuovamente accerchiato, teneva fronte al nemico per ben ventiquattro giorni. Rotto infine anche questo secondo accerchiamento con altra eroica marcia, perduto ormai complessivamente il 90% dei suoi effettivi riusciva a congiungersi con i resti della propria armata. La gloriosa, lacera Bandiera, come leggendaria meteora, spariva in cenere tra le proprie fiamme, nella tremenda tempesta del fuoco e del gelo.
(Malo Orlowka - Now - Orlowka - Bogutschar - Monastyrschina - Peseka - Merkulow - Arbusow - Tscherkow, luglio 1942 - gennaio 1943). (Decr. 31 dicembre 1947).

Alla bandiera dell'82° Reggimento Fanteria *Torino*.

Già decorato di Medaglia d'Argento per le vittorie riportate sul fronte orientale durante il primo anno della campagna di Russia, splendeva di vivida luce nella rapida avanzata dal Bulawin al Don nel luglio 1942. Schieratosi in salde posizioni sul Don, l'82° Reggimento Fanteria teneva per molti mesi inviolato il vallo dell'est, respingendo nettamente innumerevoli attacchi diurni e notturni del nemico, non senza proprie dolorose perdite. Sopraggiunto il duro inverno russo e con esso una poderosa offensiva dell'avversario a largo raggio, l'82° Reggimento Fanteria, gareggiando per disciplina e tenacia con gli altri reparti della Divisione, ripiegava, secondo gli ordini ricevuti, su una seconda linea prestabilita e, giunto poi l'ordine di un ripiegamento generale, si distingueva per resistenza ed eroismo nel sostenere e respingere più volte il poderoso urto nemico. Accerchiato una prima volta ad Arbusow, riusciva a rompere l'anello dell'assedio dopo due giorni di accanita lotta e a raggiungere con epica, ininterrotta marcia durata oltre trentasei ore, a digiuno e fra i mortali tormenti di una temperatura polare, un altro più arretrato caposaldo contro cui, nuovamente accerchiato, teneva fronte al nemico per ben ventiquattro giorni. Rotto infine anche questo secondo assedio, con altra eroica marcia, perduti ormai complessivamente il 90% dei propri effettivi, riusciva a ricongiungersi coi resti della propria armata. La gloriosa, lacera Bandiera, nascosta sul petto dell'eroico comandante ferito a morte, veniva con lui sepolta sotto la desolata steppa nevosa senza cassa e senza nome come il seme che dovrà risorgere in fiore e in frutto al buon sole estivo.
(Juni Comunard - Demidow - Ssurrow - Arbusow - Tscherkowo, luglio 1942 - gennaio 1943). (Decr. 31 dicembre 1947).

Alla bandiera dell'89° Reggimento Fanteria *Cosseria*.

Da quattro mesi in posizione di resistenza, già distintosi in precedenti azioni di guerra, durante sette giorni di aspra lotta contro forze cinque volte superiori, resisteva in posto passando reiteratamente al contrattacco per rigettare oltre Don forze nemiche sempre incalzanti sostenute da potente appoggio di artiglieria e mortai, da violente azioni aeree, causando all'avversario perdite ingentissime in uomini e materiali. Superato in questa lotta accanita ogni limite di umana resistenza e ricevuto ordine di ripiegare su posizioni retrostanti, contrastava passo per passo le posizioni al nemico, inchiodandolo successivamente al terreno e infliggendogli continue gravi perdite, con sublime mirabile estremo sacrificio di pochi prodi stretti attorno al Colonnello comandante il Reggimento, caduto eroicamente sul campo alla testa di essi in epica leggendaria affermazione di valore militare, spirito di sacrificio, fedeltà al dovere fino all'estremo.
(Fronte russo - Don, 12 - 17 dicembre 1942). (Decr. 31 dicembre 1947).

Alla bandiera dell'90° Reggimento Fanteria *Cosseria*.

Da quattro mesi in posizione di resistenza, già distintosi in precedenti azioni di guerra, durante sette giorni di aspra lotta contro forze cinque volte superiori, resisteva in posto passando reiteratamente al contrattacco per rigettare oltre Don forze nemiche incalzanti e sempre rinnovantisi, sostenute da potente appoggio di artiglieria e mortai, da violente azioni aeree, causando all'avversario perdite ingentissime in uomini e materiali, arrestandone oltre ogni limite di umana resistenza la foga offensiva. Accerchiato infine in ristretta zona per tener fede alla consegna di resistere in posto, in un supremo tentativo di rompere il cerchio di ferro e di fuoco, scagliava sul nemico le sanguinanti residue forze, riuscendo a romperlo. Fulgido esempio di eroico comportamento, di ferrea coesione, di spirito di sacrificio spinto all'estremo limite.

(Fronte russo, dicembre 1942). (Decr. 31 dicembre 1947).

Alla bandiera del 3° Reggimento Bersaglieri *Celere*.

Compatta e gagliarda unità di guerra, salda amalgama di energie, di volontà intrepida e di temeraria arditezza fuse nell'abilità manovriera, in dieci mesi di ardua campagna ha dato vivido risalto alle superbe tradizioni onde sono onusti il suo ceppo ed il suo nome. Chiamato alla battaglia del Nipro dopo mille chilometri di rudi marce, imponeva all'avversario la invitta superiorità delle sue baionette, che con travolgente irruenza e lena inesausta, sgominando ripetutamente dense e rabbiose retroguardie nemiche, faceva balenare prime e vittoriose nel cuore del Donez. Riaffermata in rischiose azioni esplorative la bella audacia dei suoi battaglioni e distintosi pel contributo di valore nel soccorso a nostra colonna avviluppata, teneva ovunque in scacco l'avversario strappandogli capisaldi muniti e preziosi punti di appoggio. Incaricato infine della tutela di un delicato settore difensivo ancorché ridotto di numero ed esposto ai rigori di un inverno eccezionalmente ostile, reagiva con indomito coraggio e fede suprema all'urto di forze nemiche dieci volte superiori, arginando con l'incrollabile diga dei petti e degli animi, la furia che minacciava di stremarlo e portando i suoi piumetti ad affermarsi in una scia di sangue oltre le posizioni riconquistate.
(Fronte russo: Nipro Uljanowka - Maximiljanowka - Ssofijewka - Stalino - Panteleimonowka - Rassypnaia - Michailowka - Jwanowka - Stohskwo, agosto 1941 - maggio 1942). (Decr. 30 gennaio 1948).

Alla bandiera del 3° Reggimento Bersaglieri *Celere*.

Superba unità di guerra non paga del grande sangue e delle eroiche imprese compiute nel precedente ciclo operativo, si prodigava ancora con suprema dedizione per il buon esito in numerosi combattimenti. Balzato per primo dalle posizioni tenacemente difese durante tutto l'inverno, prendeva d'assalto un importante centro ferroviario e creava la premessa per afferrare alla gola il nemico ripiegante, distruggerlo e conquistare una ricca zona mineraria. Lontana avanguardia delle truppe italiane in Russia con la 3ª Divisione Celere, slanciatosi con fulminea marcia dal Donez al Don, attaccava e conquistava con dura e sanguinosa lotta una munitissima testa di ponte, sconvolgendo il piano offensivo nemico. Travolto l'avversario in rovinosa fuga, ne frustrava i successivi suoi ritorni offensivi compiuti con forze sempre rinnovantisi. Chiamato all'arresto di masse nemiche transitate sulla destra del Don le ricacciava con impetuoso attacco; quindi, inchiodato al terreno, costituiva insormontabile barriera ai reiterati, sanguinosi ma vani assalti nemici, spezzandone l'impeto e facendo brillare di piena, fulgida luce, di fronte agli alleati ed allo stesso nemico, le virtù guerriere della stirpe italica.
(Fronte russo: Rassjpnaja - Stazione Fatschewka - Iwanowka - Serafimowtsch - Brobowski - Quota 224.4 - Jagodnyj, 11 luglio - 1 settembre 1942). (Decr. 31 dicembre 1947).

Alla bandiera del 6° Reggimento Bersaglieri.

Salda e forte unità di guerra, già temperata in mesi di aspra lotta su altro fronte, si prodigava nella dura campagna di Russia con lo stesso ardore e la stessa fede che formarono la sua gloria nelle precedenti guerre d'Italia. Balzato dalla linea difensiva aspramente contesa, ma sempre inviolata all'audace offensiva, si impossessava con sanguinosa battaglia del centro fortificato di Twnowka, aprendo il passo alla conquista del ricco bacino minerario di Krasnji Lutsch. Passato, con rapida leggendaria marcia, dal Donez al Don, dava il suo potente e decisivo contributo alla battaglia per la conquista di una munitissima testa di ponte nemica, annientando il nemico annidato in un settore particolarmente difficile ed insidioso. Chiamato in altro settore, dove minacciose masse russe erano riuscite a passare sulla destra del Don con eroici contrattacchi e con tenacissima resistenza arrestava definitivamente l'avversario rendendo vani ripetuti sfondamenti fatti dal nemico con mezzi e forze assolutamente preponderanti.
(Fronte russo: Orlowo Iwanowka - Bokono Antrazit - Bobronskji - Baskowskji - Quota 224.4 - Jagodnij - Quota 208.4, febbraio - settembre 1942). (D.P. 13 dicembre 1958).

Alla bandiera del 6° Reggimento Bersaglieri.

Magnifico Reggimento Bersaglieri durante la campagna in Russia già duramente provato e copertosi di gloria, stremato nelle sue file, ma non domo, compì atti prodigiosi nella tormentata manovra di ripiegamento delle truppe della A.R.M.I.R. segnando, dal Don al Dnieper, con copioso sangue le tappe di una lotta epica. In nobile gara di eroismo e di sacrificio con altre truppe: avanguardia arditissima in cruenti puntate controffensive, temeraria ed implacabile retroguardia, in durissimi combattimenti di arresto contrastò passo a passo il procedere baldanzoso di forti colonne corazzate nemiche, rompendone più volte l'accerchiamento con mezzi ed armi di gran lunga inferiori in numero ed efficacia. Sorretto da una disperata volontà di resistenza, benché sopraffatto dalle travolgenti forze avversarie, dopo aver perduto circa il 70% dei suoi effettivi chiuse combattendo per ultimo, sulle sponde del Dnieper, il tragico ciclo operativo, ammirato dagli alleati a fianco dei quali validamente si batteva, tenendo ovunque alto il nome dei soldati d'Italia e sempre fedele alle nobili tradizioni del Corpo.
Fronte russo - fiume Don - fiume Dnieper, 17 dicembre 1942 - 20 febbraio 1943 (D.P., 26 maggio 1956).

Alla bandiera del 1° Reggimento Alpini *Cuneense.*

Con i suoi fieri battaglioni «Ceva», «Pieve di Teco» e «Mondovì» eredi delle innate tradizioni, delle magnifiche virtù cittadine e della solida tempra delle stirpi liguri, piemontesi ed apuane, il 1° Reggimento Alpini, nei duri mesi di indomita lotta sul fronte del Don, si dimostrò saldo, massiccio, ben temprato e pronto istrumento di guerra, e, fra difficoltà, ostacoli, insidie del nemico, terreno e clima, seppe resistere fermo come le rocce delle montagne, onorando così la razza e benemeritando la riconoscenza della Patria. Stremato dal doloroso calvario di freddo e di fatiche e dai sanguinosissimi incessanti combattimenti, in una atmosfera di sublime eroismo e di dedizione al dovere, concluse la propria leggendaria vicenda tra il Don e l'Oskol con una disperata resistenza, facendo scudo, fino all'estremo sacrificio, alla sacra ed immacolata Bandiera che, simbolo della Patria lontana, distrusse per sottrarla al nemico.
(Fronte russo, 20 settembre 1942 - 28 gennaio 1943). (Decr. 5 marzo 1949).

Alla bandiera del 2° Reggimento Alpini *Cuneense.*

Con i suoi fieri battaglioni «Borgo S. Dalmazzo», «Dronero» e «Saluzzo», eredi delle innate eroiche tradizioni, delle magnifiche virtù cittadine e della solida tempra dei migliori figli del Cuneense e dei Monti Apuani, il 2° Reggimento Alpini, nei duri mesi di indomita lotta sul fronte del Don, si dimostrò saldo, massiccio, ben temprato e pronto istrumento di guerra, e, fra difficoltà, ostacoli, insidie del nemico, terreno e clima, seppe resistere fermo come le rocce delle sue montagne, onorando così la razza e benemeritando la riconoscenza della Patria. Stremato dal doloroso calvario di freddo e di fatiche e dai sanguinosissimi, incessanti combattimenti, in una atmosfera di sublime eroismo e di dedizione al dovere, concluse la propria leggendaria vicenda tra il Don e l'Oskol con una disperata resistenza, facendo scudo, fino all'estremo sacrificio, alla sacra ed immacolata Bandiera che, simbolo della Patria lontana, distrusse per sottrarla al nemico.
(Fronte russo, 20 settembre 1942 - 28 gennaio 1943). (Decr. 5 marzo 1949).

Alla bandiera del 4° Reggimento Alpini *Taurinense* (Battaglione Sciatori «*Monte Cervino*»).

Battaglione di alpini sciatori, fusi in un granitico blocco di energie e di arditismo alpino, in dodici mesi di campagna russa ha dato ininterrotte prove di eccezionale valore e di ineguagliabile spirito di sacrificio. Incrollabile nella difesa, impetuoso e travolgente nell'offesa, ha sempre raggiunto le mete indicategli. Nella grande offensiva invernale russa scrive fulgide pagine di gloria. Sostiene per primo l'urto di imponenti masse di fanteria sostenute da unità corazzate che hanno travolto la resistenza del fronte; le contiene con una difesa attiva ed ardita, le inchioda al terreno fino a quando arrivano rinforzi che gli consentono una tregua dopo un combattimento di due settimane compiuto senza soste, senza riparo, in condizioni di clima eccezionalmente avverso. Accerchiato da forze agguerrite di fanteria e blindate, benché ridotto a pochi superstiti in buona parte feriti, congelati ed esausti, sostiene una lotta disperata e col valore di tutti ed il sacrificio di molti, riesce a rompere il cerchio di ferro e di fuoco. In seguito continua a marciare nella sterminata pianura nevosa, supera tutti gli ostacoli che si frappongono al suo andare, tiene in rispetto il nemico che lo incalza, e, sparuta scolta, raggiunge le linee alleate in un'aureola di vittoria uguale a quella delle più alte tradizioni alpine e della Stirpe. (Olkowactka - Quota 176 - Klinowiy - Brody - Jahodnj - Jwanowka - Quota 204 - Kolhos Selenjar - Rossosch - Olikowatka (Russia), febbraio 1942 - febbraio 1943). (Decr. 31 dicembre 1947).

Alla bandiera del 5° Reggimento Alpini *Tridentina*.

In sette mesi di durissima campagna sul fronte russo si dimostrava granitica e potente unità di guerra, saldissimo fascio di indomite energie, di ferree volontà e di leggendario ardimento. Durante una difficilissima manovra di ripiegamento dal fronte del Don, sempre vittoriosamente tenuto, i suoi battaglioni «Morbegno», «Tirano», «Edolo», malgrado le eccezionali avverse condizioni di clima e di elementi, le asperrime estenuanti marce lungo le sterminate distese di neve, la mancanza assoluta di ogni rifornimento, davano continue fulgidissime prove delle loro fiere qualità guerriere. Operando con rara abilità in territorio insidiosissimo, pur spossati dalle più aspre fatiche e privazioni, superando ogni umana possibilità di resistenza fisica e morale, a Scererjb, a Scheliakino, a Wawarowka, a Nikitowka, Nikolajewka ed in altri numerosi durissimi combattimenti, troncavano sempre nuove soverchianti forze nemiche appoggiate da potenti mezzi corazzati e con furore leonino rompevano il cerchio di ferro e di fuoco in cui l'avversario, rabbiosamente deciso di annientarli, si illudeva di averli ormai chiusi. Col loro intrepido valore e con la loro travolgente irruenza, in nobile gara di abnegazione, di arditezza e di irresistibile slancio con i battaglioni del Reggimento gemello, travolgevano il nemico, ne contenevano e ne arginavano l'irniente avanzata, creando la indispensabile premessa alla ripresa ed aprivano la via della salvezza a numerose unità. Primi nell'offerta, nella sofferenza e nel sacrificio, i tre ferrei battaglioni, sempre fedeli alla loro antica tradizione, hanno superato con più che leggendario valore il loro eroico passato di guerra. (Fronte russo: Bassowka - Schererjb - Scheljakino - Nikitowka - Nicolajewka, agosto 1942 - febbraio 1943). (Decr. 31 dicembre 1947).

Alla bandiera del 6° Reggimento Alpini *Tridentina*.

In sette mesi di durissima campagna sul fronte russo si dimostrava granitica e potente unità di guerra, saldissimo fascio di indomite energie, di ferrea volontà e di leggendario ardimento. Durante la difficilissima manovra di ripiegamento dal fronte del Don sempre vittoriosamente tenuto, i suoi battaglioni «Vestone», «Verona», «Val Chiese», malgrado le eccezionali avverse condizioni di clima e di elementi, la mancanza assoluta di ogni rifornimento, davano continue fulgidissime prove delle loro fiere qualità guerriere. Operando con rara abilità in territorio insidiosissimo, pur spossati dalle più aspre fatiche e privazioni, superando ogni umana possibilità di resistenza fisica e morale, a Postojalyj, e Scheljakino, a Malakeiewa, a Arnautowo, a Nikolajewka ed in altri numerosi durissimi combattimenti stroncavano sempre nuove e soverchianti forze nemiche appoggiate da potenti mezzi corazzati, e con furore leonino rompevano il cerchio di ferro e di fuoco in cui l'avversario, rabbiosamente deciso ad annientarli, si illudeva di averli ormai chiusi. Col loro intrepido valore e con la loro travolgente irruenza, in nobile gara di abnegazione, di arditezza e di irresistibile slancio coi battaglioni del Reggimento gemello, travolgevano le agguerrite e impetuose truppe nemiche, ne contenevano e ne arginavano la irniente avanzata, creando la indispensabile premessa alla ripresa ed aprivano la via della salvezza a numerose unità italiane ed alleate. Primi nell'offerta, nella sofferenza e nel sacrificio, i tre ferrei battaglioni, sempre fedeli alla loro antica tradizione, hanno superato con più che leggendario valore il loro eroico vittorioso passato di guerra.

(Fronte russo: Postojalyi - Scheljakjno - Malakejewa - Arnautowo - Nicolajewka, agosto 1942 - febbraio 1943). (Decr. 31 dicembre 1947).

Alla bandiera dell'8° Reggimento Alpini *Julia*.

Fedele ad una superba tradizione di gloria, coi suoi granitici battaglioni «Tolmezzo», «Gemona», «Cividale» e 41ª compagnia controcarro, respingeva con gagliardo impeto reiterati violenti attacchi. Destinato successivamente in altro settore per sbarrare al nemico la via del successo, per oltre trenta giorni, nell'aperta e ghiacciata steppa russa, resisteva con incrollabile tenacia alla diuturna formidabile pressione del nemico grandemente superiore per numero di uomini e di mezzi, lo inchiodava sul terreno, lo contrattaccava con aggressiva violenza, gli infliggeva gravissime perdite, dando prova sublime di eroismo ed immolandosi per l'onore della Patria. Avuto ordine di ripiegare, i superstiti, con aspri combattimenti, riuscivano ad aprirsi un varco attraverso l'accerchiamento nemico confermando ancora una volta le leggendarie virtù degli alpini d'Italia.
(Fronte russo, 15 settembre 1942 - 1 febbraio 1943). (Decr. 31 dicembre 1947).

Alla bandiera del 9° Reggimento Alpini *Julia*.

Fedele ad una superba tradizione di gloria, con suoi granitici battaglioni «Vicenza», «L'Aquila», «Val Cismon» e 83ª compagnia cannoni controcarro respingeva con gagliardo impeto reiterati violenti attacchi. Destinato successivamente in altro settore per sbarrare al nemico la via del successo, per oltre trenta giorni, nella aperta e ghiacciata steppa russa, resisteva con incrollabile tenacia a diuturna formidabile pressione del nemico grandemente superiore per numero di uomini e mezzi, lo inchiodava sul terreno, lo contrattaccava con aggressiva violenza, gli infliggeva gravissime perdite, dando prova di sublime eroismo ed immolandosi per l'onore della Patria. Avuto ordine di ripiegare, i superstiti, con aspri combattimenti, riuscivano ad aprirsi il varco attraverso l'accerchiamento nemico confermando ancora una volta le leggendarie virtù degli Alpini d'Italia.
(Fronte russo, 15 settembre 1942 - 1 febbraio 1943). (Decr. 31 dicembre 1947).

Allo stendardo del 3° Reggimento *Savoia Cavalleria*.

Temprato ad ogni arditezza e sacrificio, nel corso di operazioni offensive per la conquista di importante regione industriale e mineraria, assolveva con immutata dedizione ed inalterato coraggio le missioni gravose, complesse e delicate, fiancheggiando grandi unità impegnate nell'inseguimento di rilevanti ed agguerrite retroguardie avversarie. Divampata repentinamente la battaglia contro nemico che con la potenza del numero e dei mezzi, irrompeva bramoso sulla riva meridionale del Don, piombava con fulminea destrezza sulle colonne avversarie delle quali domava più volte la pervicacia, sventandone l'insidia e contribuendo, con rara perizia e maschia temerità allo sviluppo efficace della manovra d'arresto. Affrontato all'improvviso da due battaglioni avversari, durante rischiosa e profonda esplorazione, ne conteneva l'urto con la valentia di reparti appiedati ed avventandosi in arcioni sul fianco degli aggressori, ne annientava la belluina resistenza, restituendo alla lotta, con l'impeto corrusco delle sue cariche vittoriose, il fascino dell'epica cavalleresca ed illustrando il suo nome alla pari dei fasti del risorgimento e delle sue secolari tradizioni.
(Fronte russo: Bacino minerario di Krasnij Lutsch, luglio 1942 - Simowskij - Quota 200.1 - Quota 236.9 di Val Krisaja - Ciglione di Isbunschenskij - Bachmutkin - Quota 226.7 di Jagodnij, 21-30 agosto 1942). (Decr. 13 dicembre 1948).

Allo stendardo del 5° Reggimento *Lancieri di Novara*.

Fedele al prestigio di magnanime tradizioni ed all'orgoglio di uno spirito marziale testimone della più nobile prodezza, confermava con chiaro ardimento la sua reputazione in un difficile ciclo di operazioni offensive. Chiamato repentinamente a battaglia dall'avversario che con la potenza del numero e dei mezzi irrompeva bramoso sulla riva meridionale del Don, con fiera risolutezza e spavalda fiducia di

sé, affiancava i propri squadroni alle unità più provate, ovunque intimando rispetto ai battaglioni avversari ed imponendo loro con azione multiforme e fulminea, tempi d'arresto validi e proficui per la difesa. Lanciato in rischiosa missione, portava il fremito delle sue armi e dei suoi cuori a signoreggiare nel vivo del dispositivo avversario donde, fattosi largo con le sciabole ed i moschetti, si portava alla difesa di importante caposaldo contro il quale si infrangevano inesorabilmente tutti i ritorni offensvi dell'avversario. Appiedato ed in arcioni, nell'impeto del corpo a corpo, come nel cimento della carica irrefrenabile, cementava il vanto dell'eroismo all'ambizione delle sue ardue imprese.
(Fronte russo: bacino minerario di Krasnij Lutsch, luglio 1942 - Quota 137.1 - Quota 187.1 - Quota 200.1 di Tschebotarewskij - Quota 191.4 di Satowsij - Jagodnij - Dewiat Kijn - Boloschoij, 21-30 agosto 1942). (Decr. 13 dicembre 1948).

Allo stendardo dell'8° Reggimento Artiglieria *Pasubio*.

In dieci giorni di durissimi combattimenti, con violenza inaudita e fede sovrumana, degne delle sue grandi tradizioni, decimava il nemico susseguentesi in continui attacchi, concorreva, in strettissima unione con i fanti, a distruggerlo ed a farlo retrocedere dove per numero stragrande, era riuscito a mettere piede sulle posizioni contese. Nelle alterne vicende della lotta rimase incrollabile sulle sue posizioni, pilastro della difesa, sicura raccolta e base di partenza per i fanti travolti dal combattimento, talvolta unico scudo verso il nemico. Rifulgeva nella successiva, logorante lotta, intesa ad aprirsi un varco, ripetutamente, per vari giorni consecutivi, attraverso le imbaldanzite schiere dei mezzi corazzati accerchianti. Né le estenuanti tappe del tragico ripiegamento lungo la nevosa gelida steppa russa, né il calvario del supremo olocausto del superstite pugno di Eroi, incalzato, braccato, falcidiato, valsero a fiaccarne l'animo intrepido, il saldo cuore e lo strenuo valore che, dopo oltre un mese di contrastata, sfibrante lotta, trionfava sulla maggiore potenza dei mezzi corazzati nemici. (Fronte del Don: Tereschowo - Krasnogorowka - Ogolew - Abbrassmowo - Monastyrschtschina - Getreide - Swch - Sechepilow - Leschos - Kiewkoje - Belaja - Kalitwa - Arbusow - Tscherkowo, 1 dicembre 1942 - 15 gennaio 1943). (D.P. 26 dicembre 1951).

Allo stendardo del 52° Reggimento Artiglieria *Torino*.

Già decorato di medaglia di bronzo per le azioni compiute sul fronte orientale durante il primo anno di campagna di Russia, sfolgorava vittorioso nella rapida avanzata dal Bulawin al Don nel luglio 1942. Dalle salde posizioni raggiunte sul Don il 52° Reggimento Artiglieria portava più volte le sue batterie a sostenere anche altri settori, concorrendo efficacemente a rafforzare anche reparti alleati. Sopraggiunto il duro inverno russo e con esso una poderosa offensiva del nemico a largo raggio, il 52° Reggimento Artigliera, gareggiando in disciplina e valore con gli altri reparti della Divisione, battendo continuamente il nemico in una prima azione di ripiegamento, portava in salvo i suoi mezzi nonostante la scarsezza della sua scorta di carburante. Avendo dovuto cedere tutta la benzina rimasta ai carri armati alleati che scortavano la Divisione, trasforma tutti i suoi artiglieri in fanti, (dopo aver sacrificato ad uno ad uno i suoi pezzi non senza prima averli resi inefficienti. Assediato una prima volta in una zona fortemente battuta, lanciava i superstiti all'assalto alla baionetta, riuscendo a rompere il cerchio. Dopo lunghissima marcia durata oltre 36 ore a digiuno, fra i mortali tormenti di una bassissima temperatura, gli artiglieri superstiti, combattendo sempre come fanti tra i fanti, raggiungevano un altro più arretrato caposaldo entro cui, nuovamente accerchiati, tenevano fronte al nemico per ben ventiquattro giorni. Rotto infine anche questo secondo accerchiamento, i resti del Reggimento, ridotti appena al 10% degli effettivi, riuscivano con altra epica marcia a ricongiungersi coi resti della propria Armata. Il glorioso Stendardo, colpito più volte col proprio Colonnello comandante dal fuoco delle artiglierie e mortai nemici, bruciava entro l'autovettura frantumata, sparendo così nella mischia come il simbolo di un mitico eroe trasumanato dal fuoco.
(Malo e Nowo Orlowka - Bogutschar - Wiatschenkawa - Monastyrscnina - Peseka - Merkulow - Demidow - Ssuow - Arbusow - Tscherkow, luglio 1942 - gennaio 1943). (Decr. 31 dicembre 1947).

Allo stendardo del 3° Reggimento Artiglieria di Corpo d'Armata, per il 30° Raggruppamento Artiglieria di Corpo d'Armata.

Salda unità di guerra temprata all'ardimento ed al sacrificio, pluridecorata in precedenti aspri cicli operativi, confermava, in situazioni estremamente difficili determinate da cruente impari lotte contro potente agguerrito avversario, l'indomito valore, il superbo spirito di abnegazione. Violentemente attaccato da travolgenti forze corazzate sussidiate da incontrastate azioni aeree, resisteva con rinnovato ardore e quindi reagiva con estrema audacia riuscendo, a costo di gravi sacrifici, a contenere l'aggressività avversaria. Decimato, a corto di munizioni e di viveri, tormentato da gelida temperatura, affrontava con stoica fermezza la dolorosa odissea di un tragico ripiegamento attraverso sconfinate steppe nevose. Incalzato senza tregua, falciato da terrificanti bombardamenti terrestri ed aerei, ridotto ad un pugno di eroi, persisteva imperterrito nell'ardua impresa di ricongiungersi ai resti gloriosi della sua Grande Unità e la realizzava sostenendo successive epiche lotte corpo a corpo per aprirsi varchi attraverso micidiali cerchi di ferro e di fuoco. Col sacrificio compiuto tra valorosi fanti perpetuava le gloriose tradizioni dell'Artiglieria italiana. (Fronte russo, dicembre 1942 - febbraio 1943). (Decr. 7 aprile 1949).

Allo stendardo del 2° Reggimento Artiglieria Alpina *Tridentina*.

Sulla steppa arsa dal sole e sulla nuda gelida sponda del Don, i Gruppi «Bergamo», «Vicenza» e «Valcamonìca» per lunghi mesi si prodigarono con fiero sacrificio in diuturna gara di dedizione per concorrere in modo decisivo, col loro fuoco tempestivo ed infallibile e fino alla conclusione sempre vittoriosa, ad ogni combattimento degli intrepidi battaglioni alpini. Nelle durissime vicende del ripiegamento dal fronte del Don, compatti nella fede, tenaci pur nel tormento del gelo, della fame, degli stenti e della bufera implacabile, solcano con volontà sovrumana per centinaia e centinaia di chilometri la steppa nevosa ed infida, stroncano col tiro micidiale dei pezzi, con titanico sforzo spinti innanzi a braccia, l'impeto di soverchianti forze nemiche, ne inchiodano i carri armati, ne smontano le artiglierie. Dappertutto presenti, con indomita coraggio affrontano anche il sacrificio supremo pur di spezzare ogni nuovo cerchio avversario. Dopo undici battaglie, esaurite le munizioni, vinti dagli stenti i muli fedeli, ridotti nel numero a pugno di leggendari eroi, stremati da inenarrabili sofferenze, si affiancano ai resti gloriosi dei battaglioni alpini e in ripetuti assalti, lanciandosi all'arma bianca col disperato supremo furore di cui è tessuta la storia radiosa delle invincibili Fiamme Verdi, stroncano l'impeto nemico, ne contengono l'irruenta avanzata, creando la premessa indispensabile alla ripresa ed aprono con essi l'ultimo più ostinato cerchio avversario che li vorrebbe togliere alla gioia di servire la Patria fino alla vittoria.
(Fronte russo: Medio Don, agosto 1942 - febbraio 1943). (Decr. 31 dicembre 1947).

Allo stendardo del 3° Reggimento Artiglieria Alpina *Julia*.

Magnifica compagine di armi e di spiriti, ancor più rinsaldata dai fasti gloriosi della campagna di Albania, coi gruppi «Conegliano», «Udine», «Val Piave», 77ª batteria controcarro, 45ª e 47ª batterie contraeree, accorreva attraverso tempeste di neve e di gelo a fermare il nemico che, potentissimo per uomini e mezzi, avanzava in altro settore del fronte. Per trenta giorni le batterie del Reggimento, nella piena crudezza dell'inverno russo, senza ripari né ricoveri nella steppa innevata, manovravano impavide, benché duramente colpite, e ricacciavano ovunque l'avversario nel corso di disperati furibondi combattimenti infliggendogli perdite sanguinose. Soltanto quando il nemico era da più giorni alle spalle, il Reggimento, per ordine ricevuto, iniziava il ripiegamento. Benché stremati, gli artiglieri alpini del 3°, con sovrumana forza di volontà, frammischiati agli alpini, riuscivano ad aprirsi un varco attraverso l'accerchiamento nemico, col sacrificio di molti, col valore di tutti. Confermavano così le più pure tradizioni di valore, di abnegazione e di sacrificio dell'Artiglieria alpina italiana.
(Fronte russo, 15 settembre 1942 - 1 febbraio 1943). (Decr. 31 dicembre 1947).

Allo stendardo del 4° Reggimento Artiglieria Alpina *Cuneense*.

Con i suoi fieri gruppi «Mondovì», «Pinerolo» e «Val Po», eredi delle innate tradizioni, delle magnifiche virtù cittadine e della solida tempra delle stirpi liguri, piemontesi ed apuane, il 4° Reggimento Artiglieria Alpina, nei duri mesi di indomita lotta sulla fronte del Don, si dimostrò saldo, massiccio, ben temprato e pronto istrumento di guerra, e, fra difficoltà, ostacoli, insidie del nemico, terreno e clima, seppe resistere fermo come le rocce delle sue montagne, onorando così la razza e benemeritando la riconoscenza della Patria. Stremato dal doloroso calvario di freddo e di fatiche e dai sanguinosissimi incessanti combattimenti, gareggiando con i battaglioni alpini, in un'atmosfera di sublime eroismo e di dedizione al dovere, concluse la propria leggendaria vicenda tra il Don e l'Oskol con una disperata resistenza, immolandosi eroicamente alla sacra ed immacolata Bandiera che, simbolo della Patria lontana, distrusse per sottrarla al nemico.

Fronte russo, 20 settembre 1942 - 27 gennaio 1943; Decr. 5 marzo 1949.

Perdite dello CSIR e dell'ARMIR, 1941-1943			
		Morti e dispersi	Feriti e mutilati
C.S.I.R. 62.000 uomini	Perdite di unità dello C.S.I.R., 5/8/41-30/7/42	1.792 (97 uff.)	7.510 (348 uff.)
ARM.I.R. 229.005 uomini	Div. Celere (battaglia di Serafimovich, 30/7/42-13/8/42	241 (11 uff.)	950 (42 uff.)
	Prima battaglia difensiva del Don 20/8/42-13/8/42	2.564 (139 uff.)	4.212 (207 uff.)
	Perdite dell'8ª Armata 2/9/42-10/12/42	261 (19 uff.)	572 (30 uff.)
	Perdite dell'8ª Armata nella seconda battaglia del Don e nella ritirata 11/12/42-20/2/43	84.830[1]* (3.010 uff.)	29.690 (1.290 uff.)
	Totale	89.838* (3.276 uff.)	43.282 (1.917 uff.)

* Tra i quali 10.030 prigionieri restituiti dai sovietici nel dopoguerra.

I volontari stranieri dell'ARM.I.R.

I volontari cosacchi

Se il gran numero di volontari dell'Est (almeno 800.000) che combatterono a fianco dei tedeschi è da molti anni cosa nota, ed oggetto di numerosi studi[126], solo da poco si è cominciato a far luce sui volontari cosacchi inquadrati nel Regio Esercito.

Va sottolineato come, sebbene la differenza numerica tra i volontari russi nelle file tedesche e quelle italiane sia enorme, l'Italia fu l'unico paese dell'Asse alleato della Germania ad inquadrare volontari dell'est, a differenza di finlandesi, rumeni, ungheresi e slovacchi, che pure sul fronte orientale avevano contingenti numericamente superiori.

La situazione è ancora piuttosto confusa[127], a causa della carenza di documentazione, e si tende a confondere tra loro le varie *sotnie* cosacche sotto comando italiano.

Dalle nostre ricerche è stato possibile individuare l'esistenza di due reparti cosacchi, uno, il primo ad essere costituito, al comando del maggiore Ranieri di Campello, ufficiale del *Savoia Cavalleria*, era elle dipendenze del Comando del XXXV° Corpo d'Armata a partire dal luglio 1942 con scopi informativi, esplorativi e di sicurezza; il secondo al comando del capitano Stavro di Santarosa venne costituito come *Sotnia Volontaria Cosacca* a Millerovo il il 25 settembre 1942, e dipendeva dal comando del II Corpo d'Armata.

Le notizie raccolte dai reparti venivano poi riportate all'ufficio I (informazioni) dell'8ª Armata. I quadri erano formati da ufficiali e sottufficiali cosacchi che portavano il grado già rivestito nell'Armata Rossa; la divisa era o quella sovietica con la rimozione dei distintivi e l'aggiunta delle stellette, e in un secondo momento, per evitare confusione, quella italiana con distintivi di grado russi ed un triangolo rosso-bianco-blu sul braccio destro, in ogni caso continuavano, a quanto pare, ad essere indossati i pantaloni blu con la banda rossa; per l'alta uniforme la tradizionale divisa con il pastrano (*tscherkesska*) ed il pugnale argentato (*kindjal*). Tutti usavano la *shaska*, e l'armamento era in parte sovietico e parte italiano[128].

L'unità era aggregata operativamente al Raggruppamento a cavallo (Barbò).

La 1ª *Sotnia Volontaria Cosacca* del II Corpo d'Armata, o *Banda Irregolare Cosacca*, costituita a settembre era comandata dal capitano Giorgio Stavro di Santarosa, affiancato dal tenente Copetzki, un russo di cittadinanza italiana, ufficiale di complemento d'artiglieria che fungeva anche da interprete,, e dal sottotenente Piero Leonar, un esule russo volontario nel Regio Esercito come Aiutante Maggiore.

Santarosa si guadagnò la stima dei cosacchi al punto di essere "arruolato" come cosacco onorario nella *stanitsa* [129] Kamischewatskaija del Dipartimento di Eisk, distretto del Kuban, un onore poco comune.

Come copricapo veniva indossato il colbacco (*kubanka*) con la calotta di colori che variavano

---

126   In lingua italiana si veda come introduzione Afiero 2001, pp. 303 segg.; sui cosacchi, Carnier 1990.
127   Ad esempio non si hanno che accenni a formazioni di fanteria formate da russi inquadrate dell'ARM.I.R. (Carnier 1990, p. 117). Del resto anche l'esistenza dei cosacchi italiani era fino a qualche tempo fa quasi sconosciuta: Carnier ricorda l'episodio di un ufficiale sovietico in visita al museo della cavalleria di Pinerolo che diede in escandescenze vedendo esposta la divisa di un cosacco dell'ARM.I.R., gridando che si trattava di un'invenzione! (Carnier 1990, ivi).
128   Fabei 2008 scrive che *il personale cosacco... aveva la sciabola se proveniente dal Don, il pugnale se proveniente dal Kuban* (p. 267). Ciò è inesatto. Tutti i cosacchi, indipendentemente dalla provenienza, avevano la *shaska* in dotazione, e il pugnale era solo per l'alta uniforme, e per tutti.
129   Villaggio cosacco.

a seconda della provenienza dai cosacchi del Terek, del Kuban o del Don.

Contrariamente a quanto si è sinora sostenuto, si trattava di due reparti differenti facenti capo ai rispettivi comandi di Corpo d'Armata, e che vennero riuniti insieme solamente il 1 aprile 1943 a seguito delle ingenti perdite del ciclo operativo invernale; fu in quest'occasione che venne costituito ufficialmente il *Gruppo Cosacchi "Savoia"*.

Il Gruppo Campello, più numeroso, contava 360 uomini, e comprendeva tre *sotnie* ed una fanfara a cavallo.

I volontari cosacchi alternavano missioni esplorative ad improvvisi attacchi alle linee sovietiche, nel corso di una di queste incursioni Campello, che indossava la *tscherkesska* sulla divisa italiana, venne ferito, e salvato dai suoi cosacchi, che lo caricarono su una slitta esponendosi ad un intensissimo fuoco sovietico.

Durante la ritirata i cosacchi si batterono bene: a Rossosch il 19 gennaio il Gruppo Campello dopo giorni di combattimenti durissimi riuscì a sfondare le linee avversarie, ed a sfuggire l'accerchiamento. Nell'occasione Campello, ferito, si guadagnò la Medaglia d'Argento al VM[130]. L'intensificarsi degli attacchi dei partigiani comunisti durante la ritirata provocò la reazione assai dura dei cosacchi che si dimostrarono assai efficienti, operando soprattutto di notte, sfruttando anche la lingua comune per sorprendere gli avversari.

Nella difficoltà, svanita l'illusione di una rapida vittoria, alcuni elementi si dimostrarono pronti a tornare dalla parte sovietica: un cosacco tentò di uccidere a bruciapelo Ranieri di Campello ma venne bloccato dal capitano Vladimir Ostrowsky, che gli bloccò il braccio facendogli cadere l'arma nella neve[131].

Tuttavia va sottolineato come si trattasse di casi isolati: i cosacchi, sia per tradizione militare, sia per le feroci repressioni staliniane degli anni Trenta, sia perchè consci che per il solo fatto di esser stati presi prigionieri c'era la pena di dieci anni di reclusione nei campi del GuLag, mentre per essersi arruolati la pena era la morte e la deportazione delle famiglie, si dimostrarono molto meno pronti a disertare degli altri volontari delle *Osttruppen*.

Alla fine della ritirata, ad aprile, alla vigilia del rientro in Italia, con i resti del gruppo Campello e della 1a Sotnia Volontaria venne costituito il *Gruppo Volontari Cosacchi "Savoia"*, con deposito presso il 5° *Lancieri di Novara*.

Era costituito da due sotnie cosacche (1 Colonnello, 9 ufficiali, 24 sottufficiali, 266 cosacchi[132]).

L'unità arrivò in Italia nel maggio 1943 e venne accantonato nella fattoria Jacur di Gazzo Veronese; i rapporti con la popolazione furono buoni, ed ad agosto il Gruppo venne passato in rassegna da Gariboldi, che ebbe parole di elogio per i cosacchi.

All'epoca la consistenza numerica del Gruppo era aumentata, tanto che venne costituita una terza *sotnia*.

---

130   La motivazione:
In ogni incarico era il primo nell'offerta e nell'esempio. Guidava il gruppo in situazione difficile per insidie nemiche, clima e disagi, in modo esemplare. In ogni occasione ha dato più di quanto richiesto. Ferito, continuava a guidare il gruppo dando sagge disposizioni per sfuggire all'accerchiamento.
Rossosch – Nikitowka (fronte russo), 15- 19 gennaio 1943.

131   Carnier 1990, p. 118. Ostrowsky dopo l'8 settembre 1943 si arruolò nella RSI e non nei cosacchi inquadrati dalla *Wehrmacht*. Dopo la fine della guerra si imbarcò come marinaio su una nave battente bandiera panamense, raggiungendo il Sud America. È morto in Argentina.

132   SMRE - Ufficio ordinamento 2° Sezione, prot. 0079150/2, "Formazione e organici della Banda irregolare cosacca", datato 22 luglio 1943 XX.

Venne anche riconosciuto ai cosacchi l'identico trattamento economico dei soldati italiani.
L'unità era destinata ad operare contro i partigiani nei Balcani ed in Albania.
L'8 settembre fu convenuto tra i comandi tedeschi ed i cosacchi che, conservando il Gruppo armi e cavalli, i cosacchi non avrebbero assunto atteggiamenti ostili ai germanici.
Successivamente, inquadrato nella *Wehrmacht*, gran parte del Gruppo si trasferì a Camporosso in Val Canale in funzione antipartigiana, e, in seguito all'arrivo nel territorio dell'O.Z.A.K. del l'Armata cosacca dell'atamano Krasnoff, venne unito ad essa[133].
Altri cosacchi, invece, nascoste le armi, abbandonarono il gruppo, parte unendosi alla Repubblica Sociale e qualcuno alla "resistenza", come il tenente Vladimir Ponomarov, veterinario del Gruppo[134].

---

133   Carnier 1990, pp. 118-119.
134   Il tenente Ponomarov, anticomunista, aveva aderito alla "resistenza" in quanto ostile ai tedeschi almeno quanto al regime di Stalin; dopo la guerra rifiutò di tornare in Unione Sovietica.

La Legione croata della MVSN
(Hrvatske Legija)

Dopo la conquista della Jugoslavia e la creazione del regno di Croazia (di cui venne proclamato re Aimone di Savoia Aosta col nome di Tomislao III) il *poglavnik* Ante Pavelich decise di appoggiare le operazioni belliche dell'Asse, creando una legione croata, appoggiata anche da un contingente aereo, che affiancasse i tedeschi sul fronte sovietico[135].

In seguito, verso la fine del 1941, venne disposta la creazione di un'unità analoga (ma senza componente aerea) da far combattere a fianco degli italiani sul fronte russo, anche per dare un segno di buona volontà all'Italia, che aveva con i nuovo stato croato ragioni di tensione per la Dalmazia.

Per cercare di attenuare le tensioni sorte tra Italia e Croazia, Pavelich acconsentì alla creazione di una Legione volontaria sotto comando italiano.

Per motivi politici l'unità, formata da due battaglioni di fanteria ed uno armi d'accompagnamento, inquadrante 1.211 uomini, venne posta alle dipendenze della Milizia Volontaria Sicurezza Nazionale per quanto riguardava inquadramento, armi ed equipaggiamento.

La Legione Croata (*Hrvatske Legija*) indossava la divisa italiana modello 40 con le fiamme nere ed i fascetti della Milizia al bavero.

Sul braccio destro della giacca e del cappotto era cucito lo stemma della Croazia con la scritta *Hrvatska* sulla scacchiera bianco rossa.

I legionari croati indossavano la camicia nera ma non il fez, sostituito dalla bustina italiana con il fregio della M.V.S.N.[136].

La Legione venne costituita a Varazdin, presso il confine ungherese, ed includeva anche ufficiali ustasha che parlavano l'italiano, avendo vissuto in Italia come fuoriusciti.

Il primo impiego dei legionari fu contro i partigiani comunisti di Tito; la Legione venne quindi spostata in Italia, a Riva del Garda, dove si trovava il deposito, per addestrarsi ulteriormente ed assimilare la tattiche di combattimento italiane. Qui i legionari giurarono fedeltà al Duce ed al *poglavnik* Pavelich, ed a marzo del 1941 i treni che trasportavano i croati partirono a scaglioni per il fronte sovietico.

Giunti in Ucraina, i reparti si radunarono il 16 aprile, ricevendo in dotazione numerosi automezzi, e venendo affiancati alla 63ª Legione *Tagliamento* a Wladimirowka.

Sorsero però diversi problemi che sconsigliarono l'impiego continuato in linea dei legionari slavi.

Dopo una riorganizzazione e l'impiego antipartigiano nelle retrovie, condotto con durezza, la Legione Croata tornò in linea a luglio, comportandosi questa volta bene, tanto che la Legione ebbe diverse ricompense al valore e numerose perdite.

I sovietici, infatti, uccidevano sul posto tutti i croati prigionieri, sia perché fascisti, sia perché considerati traditori dell'alleata Jugoslavia.

All'inizio dell'offensiva su Krasnij Lutsch, la mattina dell'11 luglio 1941, le Camicie Nere croate attaccarono la quota 253,4 di Vessielj, tenuta da elementi della 216ª Divisione sovieti-

---

135 Sulla Legione Croata romeo di Colloredo 2008, p.127. Sui legionari croati della Wehrmacht si veda M. Afiero, *I volontari stranieri di Hitler. Storia dei volontari stranieri arruolati nelle Forze armate tedesche*, Milano 2001, pp.256 segg. e, dello stesso autore, l'articolo M. Afiero 2002, "I volontari croati sul fronte dell'Est", *Storia e Battaglie* 19 (2002), numero monografico dedicato alla battaglia di Stalingrado.

136 Numerose foto di legionari croati (provenienti dall'Archivio Fotografico dell'Ufficio Storico dello SME) sono nell'inserto fotografico in Romeo di Colloredo 2008.

ca, riuscendo ad impadronirsene.

La bandiera del contingente croato venne decorata personalmente dal generale Gariboldi, comandante ARM.I.R.

La Legione croata operò insieme con il Gruppo Battaglioni CC.NN. *M Tagliamento* nel settore di Schterowka e di Surajewka, ed insieme al *Tagliamento* ed al III Gruppo del Reggimento Artiglieria a Cavallo la Legione fece parte del Raggruppamento Mittica, che inseguì i sovietici verso Krasnaja Poliana durane la manovra di Krasnij Lutsch.

I legionari croati entrarono per primi in Kolpakowo ed in Krasnaja Poliana nel pomeriggio del 18 luglio.

La Legione venne poi inquadrata nel Raggruppamento 3 *Gennaio* nel ambito del quale continuò ad operare in modo molto soddisfacente, senza che questa volta sorgesse alcun attrito tra croati e italiani.

I croati combatterono, insieme alla Divisione *Pasubio*, alle cui dipendenze era stata posta, nella prima battaglia difensiva del Don dell'agosto del 1942.

A dicembre i volontari croati vennero travolti dall'offensiva sovietica *Malyï Saturn* e si ritirarono con i resti dell'ARM.I.R., ma durante la ritirata, la Legione perse pressoché tutti i propri uomini tra caduti e dispersi (da considerare come morti) negli scontri presso il villaggio di Kasanskaya.

Concludendo la relazione sul ciclo operativo del 17-21 dicembre il comando della Celere scrisse:

Non un uomo del 3° bersaglieri è tornato indietro [vivo]. Della legione croata: superstiti un ufficiale e un soldato[137].

Nel 1943 nuovi volontari croati affluirono a Riva del Garda per ricostituire la Legione; dopo l'8 settembre i volontari vennero rimpatriati e inquadrati nelle divisioni 373ª e 392ª della *Nezavisna Drzava Hrvatska*, Stato Indipendente Croato, inquadrate nella *Wehrmacht*.

---

137   L'ufficiale era in realtà il Tenente Zunic, dalmata, ufficiale di collegamento italiano con la Legione; tutti gli ufficiali croati erano caduti. Fabei 2008, p. 253.

Il Corpo Aereo Italiano in Russia
1941-1943

Organigramma

Comando Aviazione del C.S.I.R.
Colonnello pil. Carlo Drago

Caccia Terrestre

22° Gruppo Autonomo C.T. (*MC 200 - Ca 133, SM 81*)
Magg. pil. Giovanni Borzoni
359ª Squadriglia Cap. pil. Vittorio Minguzzi
362ª Squadriglia Cap. pil. Germano La Ferla
369ª Squadriglia Cap. pil. Giorgio Iannicelli
371ª Squadriglia Cap. pil. Enrico Meille

Osservazione Aerea

61° Gruppo Autonomo O.A. (*Ca 311*)
Ten. Col. pil. Bruno G. Ghierini
34ª Squadriglia Cap. pil. Cesare Bonino
119ª Squadriglia Cap. pil Giovanni Disegna
128ª Squadriglia Cap. pil. Igino Mendini

Sezione Trasporti

245ª Squadriglia T.M. (*SM 81*) Cap. pil. Ernesto Caprioglio
246ª Squadriglia T.M. (*SM 81*) Cap. pil. Nicola Fattibene

Con la costituzione dello C.S.I.R. venne deciso di inviare sul fronte russo, insieme alla componente terrestre, anche una componente aerea, che venne denominata Corpo Aereo Italiano in Russia. Nel mese di agosto 1941, una forza aerea composta da circa 85 aerei, tra caccia, bombardieri, ricognitori e trasporti venne trasferita e dislocata su alcuni aeroporti situati ad ovest del Dnjepr.
Il Comando Aviazione del C.S.I.R. venne ufficialmente costituito il 29 luglio a Tudora, lungo il confine che separava l'Unione Sovietica e la Romania, e su questo aeroporto, il 12 agosto, giunse dall'Italia il 22° Gruppo Caccia composto da 51 *Macchi MC 200* (Squadriglie 359ª, 362ª, 369ª e 371ª). Gli intercettatori erano accompagnati da due trimotori da trasporto e supporto logistico *Savoia Marchetti SM81* e da tre più piccoli trimotori, anch'essi da trasporto, *Caproni Ca133*.
Nel mese di settembre del 1941, con l'arrivo di altri 8 *SM81* da trasporto, si costituirà a Krivoi-Rog la 245ª Squadriglia. Questo reparto assicurò i collegamenti con Bucarest, dove facevano capolinea i velivoli militarizzati dei S.A.S. (reparti da trasporto speciali) in arrivo dall'Italia.

Il 3 agosto giunse a Tudora il 61° Gruppo da Osservazione Aerea montato su 32 bimotori *Caproni Ca 311* (Squadriglie 34ª, 119ª, e 128ª) e un grosso trimotore da trasporto e supporto *Savoia Marchetti SM 82*. La formazione del Corpo Aereo dello C.S.I.R. venne completata con l'assegnazione di tutti i servizi tecnici e militari di terra indispensabili per garantire l'operatività dei reparti di volo. Nella fattispecie furono assegnati per la difesa dei campi sei sezioni di mitragliere pesanti contraeree Breda da 20 millimetri con personale addetto e un autoparco dotato di circa 300 automezzi di ogni tipo.

Il personale dell'Aviazione dello C.S.I.R. era inizialmente compostoda circa 1.900 uomini: 140 ufficiali, 180 sottufficiali e 1.500 militari di truppa (tra specialisti e avieri di governo), più 90 operai specializzati. Dopo avere riorganizzato i reparti, revisionato e rifornito gli aerei, un primo scaglione del Corpo Aereo Italiano venne spostato sulla linea del fronte dove, l'11 agosto, le truppe italiane della *Pasubio* avevano avuto il battesimo del fuoco nei primi scontri contro i sovietici.

Il 27 agosto, i *Macchi MC200* del 22° Gruppo iniziarono il loro ciclo operativo attaccando alcune squadriglie di caccia *Polikarpov I-16* che scortavano parecchi bombardieri medi *Tupolev SB-2 Katiusha*. Si trattava di apparecchi ben conosciuti dai piloti italiani, che li avevano spesso affrontati in Spagna.

Nello scontro i piloti italiani abbatterono sei bombardieri e due caccia nemici, non lamentando alcuna perdita.

Alla fine di agosto, in seguito allo sfondamento del fronte nemico e alla rapida avanzata verso est delle forze tedesche, rumene e italiane, l'intero Corpo Aereo Italiano si spostò da Tudora a Krivoi Rog dove in settembre giunsero anche otto *Savoia Marchetti SM 81* provenienti dall'Italia che, in aggiunta ai due trimotori già presenti sull'aeroporto russo, andarono a formare la 245ª Squadriglia da Trasporto.

Il 22 settembre, dopo gli aspri combattimenti sostenuti dallo C.S.I.R. nell'area di Petrikowka, i reparti italiani ottennero un brillante risultato, conquistando la città di Stalino, uno dei più importanti centri urbani e industriali del bacino del Donetz.

Tale successo obbligò il 22° Gruppo e una Squadriglia da Ricognizione imbarcata su bimotori *Caproni* a spostarsi nuovamente verso oriente fino a Zaporozhje, sulla riva sinistra del Dnjepr.

Il 25 novembre 1941 giunse dall'Italia anche la 246ª Squadriglia con altri 6 *SM 81* di rinforzo, che venne fatta avanzare fino a Stalino per fornire ai reparti caccia e anche alle prime linee dello C.S.I.R. un adeguato supporto.

In seguito, dato il progressivo incremento delle distanze e il continuo dilatarsi del fronte, giungerà dall'Italia una terza Squadriglia da Trasporto, la 247ª, che verrà basata a Otopeni, in Romania, con il compito di coprire le tratte intermedie. Le violente piogge, seguite da tormente di neve e da un pauroso quanto veloce abbassamento delle temperature (fino –30° C) misero a dura prova non soltanto il C.S.I.R., assolutamente impreparato dal punto di vista dell'equipaggiamento, a combattere in queste condizioni estreme, ma anche il personale e i mezzi del Corpo Aereo Italiano impegnati, tra l'ottobre e il novembre, in un'opera continua e febbrile per spianare le piste innevate e per ripulire e riparare i motori e le armi di bordo bloccati o danneggiati dal ghiaccio e dalle non infrequenti incursioni dei bombardieri sovietici.

Sul fronte di terra, nella tarda giornata del 2 novembre, reparti dell'80° fanteria della *Pasubio* riuscirono ad occupare nell'arco di quattro giorni le località di Gorlowka e Nikitowka, venendo però bloccati da un violento contrattacco sovietico.

In poche ore l'80° Reggimento della *Pasubio* del col. Chiaramonti venne accerchiato, ma grazie al pronto intervento dei caccia della 371ª Squadriglia – che in una sola giornata effettuarono una mezza dozzina di riuscite azioni di mitragliamento delle fanterie sovietiche della 74° Divisione – i fucilieri furono costretti ad interrompere i propri attacchi, consentendo al reparto della *Pasubio* di resistere e riordinarsi.

Gli aerei italiani continuarono ad attaccare i sovietici ed a rifornire le truppe di Chiaramonti per tutta la durata dell'assedio di Nikitowka.

Il 5 novembre giunse all'aeroporto di Stalino la nuova 246ª Squadriglia da Trasporto, affiancata quattro giorni dopo sullo stesso aeroporto dalla 371ª Squadriglia Caccia, rafforzata alla fine di dicembre da un secondo reparto di intercettatori *Macchi MC 200*. Ai primi di dicembre, proprio alla vigilia della grande controffensiva invernale sovietica, lo C.S.I.R. trovò ancora la forza, nonostante le gravi perdite subite, di avanzare verso est conquistando i centri di Grossny e di Sech Savielenka. Ma alla vigilia di Natale si scatenò la tanto temuta offensiva sovietica che costrinse le divisioni tedesche dell'*Heeresgruppe Sud* (di cui faceva parte lo C.S.I.R.) a ritirarsi dal grande centro di Rostov che venne occupato dai sovietici.

La manovra sovietica, sostenuta da parecchie divisioni supportate da truppe di cavalleria, obbligò anche gli italiani a retrocedere su posizioni più sicure. Il ripiegamento venne effettuato con l'appoggio aereo degli onnipresenti *Macchi MC 200* che, anche questa volta, attaccarono ripetutamente con le loro mitragliatrici *Breda Safat* da 12,7 e con gli ordigni alari da 50 chilogrammi le folte colonne di fanteria sovietiche, ingaggiando anche numerosi combattimenti con caccia e bombardieri medi avversari.

A questo proposito, alla fine di dicembre, la caccia italiana potè vantare l'abbattimento di 12 aerei sovietici contro la perdita di un solo *Macchi*.

Dopo un periodo abbastanza lungo di parziale inattività tra il dicembre del 1941 e il gennaio 1942 quando le pessime condizioni atmosferiche, la temperatura giunta a –30° C, l'eccessivo innevamento degli aeroporti e la scarsezza di carburante avevano costretto quasi tutti i reparti italiani a ridurre l'attività bellica, il 4 febbraio le squadriglie da caccia iniziarono nuovamente a decollare per nuove quanto impegnative missioni di interdizione, scorta e assalto. Il giorno 5, alcune decine di *Macchi MC200* del 22° Gruppo piombarono sull'aeroporto sovietico di Krasnyi Liman mitragliando a fondo e mettendo fuori combattimento almeno 15 tra caccia e bombardieri medi sovietici senza subire alcuna perdita.

Dopo questa brillante azione, i *Macchi MC200* tornarono all'attacco effettuando, tra marzo e aprile, numerosi mitragliamenti e bombardamenti di installazioni aeronautiche nemiche colpendo i campi Leninsklij Bomdardir e di Luskotova.

Tra il febbraio e il settembre 1942 il 22° Gruppo inflisse all'avversario in combattimento e a terra la perdita di 47 apparecchi sovietici contro la perdita di soli 10 *Macchi*. Intanto i ricognitori ed i bombardieri leggeri *Caproni Ca 311* vennero anch'essi impiegati per azioni offensive nelle retrovie nemiche culminanti nel riuscito attacco del 22 marzo contro colonne motorizzate e concentramenti di truppe sovietiche.

Nella primavera del 1942, rendendosi conto dell'ormai eccessiva ampiezza del fronte e dell'esiguità dei reparti aerei posti a supporto dello C.S.I.R., il Comando della Regia Aeronautica decise, anche in vista dell'arrivo in Russia di altre divisioni italiane e in prospettiva dell'annunciata, grande offensiva estiva tedesca, di rafforzare gli organici del Corpo di Spedizione con l'invio dall'Italia di nuovi aerei, di carburante e di rifornimenti e, naturalmente, di consistenti aliquote di piloti e specialisti.

Venne pertanto costituito il *Comando Aeronautica Fronte Orientale* (C.A.F.O.).

Nel giugno 1942 lo C.S.I.R. venne sciolto e con il sopraggiungere di nuove divisioni venne costituita l'8ª Armata Italiana in Russia (ARM.I.R.). Nel medesimo periodo il 22° Gruppo Caccia, logorato da mesi di attività, venne rimpiazzato dal 21° Gruppo *Macchi MC 200* composto dalla 356ª, 382ª, 361ª, e 386ª Squadriglia, mentre il 71° Gruppo da Osservazione Aerea su *Caproni Ca 311* (formato dalla 38ª e 116ª Squadriglia) sostituì il 61°. In seguito, per compensare le perdite e per fronteggiare i sempre più onerosi impegni, il Corpo Aereo Italiano venne rinforzato, anche se in modo non sufficiente, data anche la situazione nel Mediterraneo che vedeva la Regia Aeronautica costantemente impegnata. Tra l'agosto e il dicembre del 1942, il 71° Gruppo riceverà infatti 12 più pesanti bimotori da bombardamento e ricognizione *Fiat BR20M Cicogna*, mentre il 21° Gruppo Caccia verrà integrato con una manciata di nuove e più moderne macchine: 12 intercettatori *Macchi MC202 Folgore*. Nel frattempo, l'ARM.I.R. raggiunse il medio corso del Don, attestandosi in posizione difensiva tra la 2° Armata ungherese e la 3° Armata rumena.

Nel mese di agosto, in occasione della Prima battaglia difensiva del Don, scatenata dai sovietici contro le linee dell'ARM.I.R, tutto il Corpo Aereo Italiano fu impegnato nella battaglia per sostenere la resistenza delle truppe di terra. Il 6 agosto, i *Fiat BR20M* della 38° Squadriglia del 71° Gruppo da O.A. effettuarono una prima missione di bombardamento ad est del corso del Don colpendo concentramenti sovietici d'artiglieria e fanteria. Partecipano ad azioni similari i *Macchi MC200* (dotati di due bombe alari da 50 chilogrammi) ed i piccoli bimotori *Caproni* da ricognizione. Il Corpo, nonostante la sua esiguità, fece insomma quello che poteva, e fu anche grazie al coraggio e allo spirito di sacrificio dei suoi piloti e specialisti che le divisioni italiane riuscirono a contenere e respingere, anche subendo gravi perdite, tutti gli attacchi sovietici. Dopo due mesi di intensa attività, sopraggiunse il precoce inverno russo a peggiorare ulteriormente le condizioni dei già provati reparti aerei italiani – specialmente di quelli da caccia – che, nonostante i brillanti successi conseguiti – gli apparecchi avversari abbattuti in combattimento furono non meno di 30 – videro i propri organici ridotti all'osso. Tuttavia, grazie all'arrivo in settembre dei 12 nuovi caccia *Macchi MC202*, il 21° Gruppo Caccia, riacquistato un poco di vigore, incominciò una serie di attacchi a bassa quota contro le posizioni russe ad oriente del Don per cercare di indebolire le capacità belliche del nemico che, proprio in questo periodo, iniziava a rafforzare con un enorme quantitativo di uomini e mezzi tutto il suo fronte. Tra la metà di ottobre e la metà di novembre, tutti i *Macchi MC200* e *MC202* e i *Fiat BR20* continuarono, a prezzo di pesanti perdite inflitte sia dall'aviazione che dalla micidiale contraerea sovietica, negli attacchi a bassa quota, bersagliando soprattutto colonne motorizzate e concentramenti di truppe. I risultati ottenuti dai piloti italiani risultarono positivi se posti in relazione al numero e alla potenza dei mezzi impiegati ma non riuscirono comunque ad intaccare la poderosa macchina bellica del generale Vatutin che, l'11 dicembre, dopo uno spaventoso tiro preparatorio d'artiglieria (non meno di 2.500 pezzi di medio e grosso calibro martellano per diverse ore oltre 100 chilometri di fronte italiano) passò all'offensiva con l'appoggio di 750 carri *T-34*.

Dopo una settimana di durissimi combattimenti, le divisioni russe (appoggiate da non meno di 800 aerei da combattimento) sfondarono il settore centrale del fronte italiano tenuto dal II Corpo d'Armata, formato dalle divisioni *Sforzesca*, *Ravenna* e *Cosseria*. Durante l'offensiva sovietica, e malgrado la difficilissima condizioni del tempo, con temperature di decine di gradi sotto zero, ciò che restava del Corpo Aereo Italiano in Russia diette fondo a tutte le sue energie con una serie quasi ininterrotta di attacchi a volo radente contro i nuclei corazzati e motorizzati sovietici che dilagano nelle retrovie dell'8ª Armata.

Con punte di 40-45° gradi C sotto zero, con i carrelli ed il brandeggio delle armi di bordo bloccati dal gelo (a quelle temperature gli oli lubrificanti in dotazione alla Regia si indurivano trasformandosi in una specie di colla), i *Macchi*, i *Fiat BR20* e i *Caproni Ca 311* si alzarono egualmente in volo dai campi innevati e tempestati dai cacciabombardieri russi per cercare di sostenere ciò che rimaneva delle posizioni difensive italiane. Si trattò di una lotta vana quanto impari. Alla fine di dicembre 1942, i reparti avevano a disposizione una media giornaliera di non più di 50 aerei efficienti, contro un avversario in grado di metterne in campo non meno di 400-500.

I caccia *Macchi MC200*, che avevano l'abitacolo aperto, ed i cui piloti erano dunque obbligati a sopportare in volo temperature spaventose, mitragliarono e bombardarono (sempre con i piccoli e insufficienti ordigni da 50 chilogrammi) le colonne sovietiche, appoggiati dai pochissimi più moderni *MC202* ai quali spettò anche il compito di fronteggiare la caccia nemica. I russi gettarono nella lotta centinaia di caccia *Yakovlev Yak-1*, *Yak-3* e *Yak-9*, *Lavochkin LaGG-3* e *LaGG-5*, e *Mikoyan-Gurevich Mig-3*, armati con mitragliatrici pesanti da 12,7 e cannoncini da 20/23 millimetri. L'aviazione russa martellò inoltre le retrovie e le colonne italiane con stormi compatti di assaltatori pesanti e bimotori da bombardamento *Ilyushin IL-2 Shturmovik* e *Petlyakov Pe-2*.

Nonostante la schiacciante superiorità dell'avversario, i cacciatori del 21° Gruppo riuscirono, grazie anche all'instancabile lavoro del personale di terra, a mantenere comunque operative un paio di squadriglie, mentre i *Fiat BR20* e *Caproni* superstiti cercarono con qualche azione isolata di bombardare i concentramenti di mezzi corazzati sovietici prossimi ad annientare i reparti italiani stretti d'assedio. Ai pochi trimotori da trasporto *SM81* spettò invece il compito di fornire un minimo di supporto logistico alle nostre truppe: compito che venne svolto al prezzo di pesanti perdite. E' doveroso, a questo proposito, soffermarsi sul prezioso ruolo, spesso trascurato, svolto dal Gruppo da trasporto del Corpo Aereo Italiano in Russia: un esiguo reparto che tuttavia, a prezzo di gravi sacrifici, lavorò sodo, nonostante la caccia nemica, per garantire appoggio all'ARM.I.R. Già tra il 18 e il 21 dicembre 1941, gli *SM81* si erano distinti per essere riusciti a sgomberare l'aeroporto di Kantemirova, circondato da truppe corazzate sovietiche, evacuando piloti, specialisti ed oltre 70 feriti gravi.

Tra la fine del 1942 e l'inizio del 1943, in concomitanza della grande offensiva invernale detta *Piccolo Saturno*, i lenti ma robusti trimotori *Savoia Marchetti* continuarono a rifornire di viveri, medicinali e munizioni le prime linee italiane, subendo la perdita di almeno sei apparecchi, tre dei quali abbattuti dalla contraerea sovietica, e il danneggiamento dei rimanenti.

Lo stesso comandante del Corpo Aereo Italiano in Russia, il generale Enrico Pezzi, scomparve a bordo di uno degli *SM81* proprio nel corso di una spericolata azione di rifornimento ad un grosso reparto italo-tedesco rimasto isolato.

Il 29 dicembre 1942, a Tcherkowo, 7.000 italiani e 4.000 tedeschi vennero intrappolati da una manovra di mezzi corazzati sovietici. Pezzi, che non fu certo un ufficiale "da scrivania" ma un pilota veterano che aveva volato in Etiopia, nei cieli etiopi, spagnoli e dell'Africa Settentrionale, bombardando Barcellona e Malta guadagnandosi l'Ordine Militare di Savoia, cinque Medaglie d'Argento al VM e la Croce di Ferro di prima classe tedesca, non indugiò e decise di partecipare personalmente alla missione di soccorso. Prima di partire il generale Pezzi aveva dichiarato che sarebbe rientrato verso le ore 14.30 dello stesso giorno, con tutti i membri dell'equipaggio, più gli eventuali feriti del presidio.

Alle ore 11,25 del 29 dicembre decollò da Woroscilovgrad con il suo *SM81*, con a bordo il tenente medico Federico Bocchetti e i piloti e specialisti Romano Romanò, Giovanni Busacchi, Luigi Tomasi, Antonio Arcidiacono, Salvatore Caruso e Alcibiade Bonazza.
Pezzi aveva dichiarato che sarebbe rientrato verso le ore 14.30 dello stesso giorno, con eventuali feriti del presidio.
L'aereo, carico di viveri e medicinali, riuscì a raggiungere Tcherkowo, dopodiché decollò con a bordo diversi feriti per cercare di riguadagnare le retrovie ma non ci riuscì.

L'*SM81* del Generale Pezzi scomparve infatti nel nulla, probabilmente abbattuto dalla caccia sovietica[138].
Dopo un lungo e faticoso ciclo operativo, all'inizio del 1943, gli ultimi malconci *SM81* da trasporto dovettero via via ripiegare su campi meno esposti all'offensiva finale russa. Abbandonata anche Stalino, una delle principali basi delle retrovie, la 245ª e la 246ª Squadriglia vennero concentrate, assieme agli altri reparti superstiti del Corpo Aereo Italiano, sull'aeroporto di Odessa dove rimasero fino al marzo del 1943, anche se in realtà gli ultimi *SM81* della 246ª Squadriglia rientrarono in Italia soltanto nel mese di maggio.
La fine del Corpo Aereo Italiano in Russia si verificò, come si è visto, tra il dicembre 1942 e il gennaio 1943, allorquando in concomitanza con le offensive sovietiche *Iupiter*, *Mars*, *Malyï Saturn* (*Piccolo Saturno*) e il conseguente ripiegamento generale delle forze dell'Asse, l'aviazione rossa scatenò tutta la sua forza.
L'aviazione sovietica aveva ormai ottenuta la totale supremazia aerea.
A fronte di un'armata aerea sovietica dotata di oltre 2.000 fra caccia, caccia bombardieri, bombardieri e ricognitori, gli sparuti Gruppi italiani, tedeschi, rumeni e ungheresi non potevano che opporre 300 apparecchi di pronto impiego, a corto di carburante, munizioni e pezzi di ricambio. Lo spaventoso divario fu principalmente dovuto al fatto che, proprio tra il dicembre del 1942 ed il gennaio del 1943, il Comando della *Luftwaffe* si vide costretto ad impiegare la quasi totalità dei suoi reparti in appoggio alla 6ª Armata di Paulus assediata a Stalingrado e in supporto alle truppe di von Kleist impegnate nel settore del Caucaso.
L'ultima azione bellica di rilievo svolta dal Corpo Aereo Italiano in Russia ebbe luogo il 17 gennaio 1943, quando una formazione mista composta da 25 *MC200* e *MC202* del 21° Gruppo, che ormai disponeva solamente di 30 *MC200* e di 9 *MC202* attaccò una forte colonna corazzata e motorizzata sovietica che minacciava la ritirata dell'ARM.I.R., infliggendo al nemico sensibili perdite. Poi, la mancanza di pezzi di ricambio, benzina, oli lubrificanti e munizioni costrinse i reparti a sospendere le attività e a ripiegare sui campi meno esposti all'offensiva sovietica, abbandonando 15 apparecchi oramai inservibili. E tra il marzo e il maggio dello stesso anno ciò che rimaneva dei reparti da caccia e dell'intero Corpo Aereo Italiano in Russia fece rientro in patria.

---

138   Ecco la motivazione della Medaglia d'oro alla memoria del generale B.A. Enrico Pezzi:
Veterano di quattro guerre dove ha sempre saputo strappare al cielo lembi di azzurro per ornarsene il petto.
In terra di Russia ha scolpito con la sua audacia, l'esempio e la sicurezza di fronte al pericolo, in lettere d'oro la traccia dell'ala italiana.
In sublime rischiosa offerta per salvare soldati italiani chiusi in cerchi di fuoco, immolava la giovane vita salendo col sorriso dei forti nel cielo degli eroi
Fronte Russo 29-12-1942

Piloti caduti in combattimento
sul Fronte Orientale

1941

Capitano Corrado Alfano
Capitano Giorgio Iannicelli (Medaglia d'Oro al Valor Militare, caduto in combattimento nel cielo di Browolin il 29 dicembre 1941)
Tenente Lucio Lay
S.Tenente Franco Ferrari
S.Tenente Mario Longoni
S.Tenente Carlo Marchetto
Maresciallo Pietro Romagnolo

1942

Generale B.A. Enrico Pezzi (Medaglia d'Oro al Valor Militare, caduto in combattimento il 29 dicembre 1942)
Tenente Virginio Teucci
Tenente Leonardo Aiuto
Tenente Giovanni Beduz
Tenente Walter Benedetti
Tenente Giovanni Busacchi
Tenente Giuseppe Lepri
Tenente Francesco Peroni
Tenente Aurelio Sanarica
S.Tenente Marcello Calafiore
S.Tenente Vincenzo Piergiovanni
S.Tenente Carlo Ricci
Maresciallo Giuseppe Donatelli
Sergente Maggiore Piero Greco
Sergente Angelo Razzetta
Sergente Arrigo Zoli

1943

Tenente Nello Anderlini
Tenente Pasquale Castellaneta
Tenente Nicola Di Feo
Maresciallo Mario Costanzi
Sergente Maggiore Giuseppe Gullà

Oltre ai piloti deceduti, caddero sul fronte orientale anche 51 appartenenti alle varie specialità che componevano il Corpo Aereo Italiano in Russia.

La Regia Marina sul Fronte Orientale

Tra i reparti italiani operanti sul fronte orientale vi fu anche una piccola componente navale inviata dalla Regia Marina, per operare nel Mar Nero nel quadro dell'assedio di Sebastopoli. L'unità venne designata *101ª Flottiglia MAS* e fu posta sotto il comando del capitano di fregata Francesco Mimbelli. Venne inizialmente composta da quattro MAS (portati poi a sette), sei sommergibili tascabili classe CB, cinque motoscafi siluranti e cinque barchini esplosivi.

L'unità venne trasferita via terra fino alle coste del Mar Nero, dove giunse nel maggio del 1942, facendo base nei porti di Yalta e Feodosia, sulla penisola di Crimea. I MAS e i sommergibili italiani vennero subito impiegati nelle operazioni contro la fortezza sovietica di Sebastopoli, assediata dai rumeni e dai tedeschi, attaccando il traffico di rifornimenti destinati alla piazzaforte. Caduta la città il 4 luglio 1942, la 101ª Flottiglia MAS venne spostata nel Mar d'Azov per assicurare protezione al traffico navale tedesco, per poi continuare con le missioni di pattugliamento lungo le coste controllate dai sovietici.

Oltra agli affondamenti di navi mercantili, nel corso dell'assedio della città è da ricordare anche quello del sommergibile sovietico *Equoka* avvenuto il 19 giugno 1942.

Durante le operazioni nel mar d'Azov, il 3 agosto successivo i MAS 568 e 573 attaccarono e danneggiarono gravemente, malgrado la reazione del naviglio di scorta, l'incrociatore sovietico *Molotov*.

Il 3 agosto 1942 il S.Tenente di Vascello Legnani[139] effettuò la sua prima uscita operativa con il MAS 568.

Quella notte, al largo di Feodosia, il MAS 573 (Cap. Corv. Castagnacci) intercettò l'incrociatore *Molotov*[140] (Cap. Vasc. Romanov) ed il cacciatorpediniere *Kharkov* (Cap. Freg. Shevcenko).

Le due unità sovietiche, agli ordini del Contrammiraglio. N.E. Basisty, comandante della Brigata Incrociatori sovietica, vennero intercettate dal MAS 568, che si portava a breve distanza lanciando contro il *Molotov* due siluri: nell'esplosione, l'incrociatore sovietico ebbe la poppa asportata per ben 20 metri. Gravemente danneggiato, fu condotto in un porto del Caucaso: per evitarne la perdita, ricevette in sostituzione la poppa dell'incrociatore *Frunze*, ma rimase fuori uso per ben due anni e non fu piu' impiegato operativamente. Dopo il lancio, il MAS 568 fu inseguito dal cacciatorpediniere *Kharkov*, del quale Legnani si sbarazzò lanciando dieci bombe antisom, che danneggiarono la prua dell'unità sovietica, costretta ad interrompere l'inseguimento. Per questa azione, il S. Ten. Vasc. Legnani sarebbe stato decorato di *motu proprio* da Vittorio Emanele III con la Medaglia d'Oro al V.M. consegnatagli dal sovrano sull'Altare della Patria il 10 giugno 1943 con la seguente motivazione:

Comandante di M.A.S. veloce, operante in mari lontani, dava prova in audaci missioni di guerra di perfetta preparazione, di sereno ardimento e di elevata perizia nella condotta del potente ed insidioso strumento bellico a lui affidato.
Destinato ad effettuare una difficile missione di agguato, dirigeva decisamente per intercettare una formazione navale sovietica, composta di un incrociatore e un Ct., sfidandone con coraggio ed audacia l'intenso e ben aggiustato tiro che inquadrava ripetutamente la piccola unità .

139   Legnani era il figlio dell'Ammiraglio di Squadra Antonio Legnani, che fu sottosegretario alla Marina durante la Repubblica Sociale Italiana. La MOVM Legnani è scomparso a Genova nell'agosto del 2006.
140   Incrociatore Classe *Kirov*: completato nel 1938, il *Molotov* dislocava a pieno carico 11.500 t., ed era armato di 9 cannoni di 181/57, 6 da 100/47, 6-14 pezzi contraerei da 45/46 e 6 tubi lancia siluri da 533 mm; il suo equipaggio era di 730 uomini.

Nonostante le sfavorevoli condizioni di luce e la martellante azione di fuoco dell'avversario, mirava decisamente all'obiettivo e, giunto a breve distanza, lanciava contro la prima e più grossa unità due siluri che, esplodendo, avvolgevano in una nube di fuoco la nave nemica che in pochi minuti affondava. Compiuta l'eroica gesta che rinnovava con insuperabile slancio le gloriose tradizioni dei nostri M.A.S., si disimpegnava dalla furiosa reazione dell'unità nemica di scorta e dagli insistenti attacchi aerei, raggiungendo senza perdite la propria base.

Egli veniva così a dimostrare come lo spirito che anima i marinai d'Italia sappia piegare in qualsiasi cimento la forza avversaria e su essa, osando l'inosabile, trionfare.

Fronte Russo, 3 agosto 1942

La mancanza di combustibile e l'andamento poco favorevole delle operazioni nell'inverno 1942-1943 ebbero la loro ripercussione sulle attività dei mezzi italiani. Il 20 maggio 1943 i MAS superstiti vennero ceduti alla *Kriegsmarine*, e gli equipaggi rimpatriati. I sommergibili invece continuarono ad operare con equipaggi italiani fino all'agosto del 1943 dalla base di Sebastopoli. A seguito dell'armistizio italiano dell'8 settembre 1943, gli equipaggi in parte aderirono alla Repubblica Sociale Italiana ed in parte furono internati dai tedeschi, mentre i mezzi (ormai in pessimo stato di manutenzione) vennero acquisiti dai romeni, per cadere poi nelle mani dei sovietici a Costanza nel 1944.

Durante la sua attività, l'unità affondò 3 navi da trasporto e 3 sommergibili sovietici, e soprattutto danneggiò l'incrociatore *Molotov* e il cacciatorpediniere *Kharkov*. Le perdite ammontarono ad un CB e a due MAS.

Un'altra piccola unità navale italiana che operò tra il 15 agosto e il 22 ottobre 1942 sulle sponde del lago Ladoga, in appoggio alle truppe tedesche e finlandesi impegnate nell'assedio di Leningrado fu la *12ª Flottiglia MAS*.

L'unità era comandata dal Capitano di Corvetta Bianchini, e disponeva di soli due MAS.

Impegnata nella caccia al traffico navale sovietico, che costituiva l'unica via di rifornimento verso la città assediata, l'unità affondò una cannoniera e un trasporto. Con il dell'inverno, i MAS vennero ceduti ai finlandesi, e gli equipaggi italiani rientrarono in patria. Si trattò degli unici italiani presenti nello scacchiere settentrionale del Fronte Orientale.

Bibliografia

P. Abbot, N. Thomas 1982, *Germany's Eastern Front Allies*, Oxford
M. Afiero 2001, *I volontari stranieri di Hitler. Storia dei volontari stranieri arruolati nelle Forze armate tedesche*, Milano
M. Afiero 2002, "I volontari croati sul fronte dell'Est", *Storia e Battaglie* 19 (2002)
C. Ailsby 1994, *World War 2 German Medals and Political Awards*, London
C. Ailsby 1998, *SS: Hell on the Eastern Front*, Osceola
C. Amè 1954, *Guerra segreta in Italia 1940- 1943*, Roma
C. Andrew, O. Gordievskij 1990, *KGB. The Inside History of its Foreign Operations from Lenin to Gorbaciov*, London (della trad. it., Milano 1993)
M. Axworthy, C. Scafes, C. Craciuniou 1995, *Third Axis, Fourth Ally. The Rumenian Army of World War II*, London.
C. Barret (cur.) 1989, *Hitler's Generals* London (tr. it. Milano 1991)
O. Bartov 1985, *Eastern Front 1941- 45. German Troops and the Barbarisation of Warfare*, London
J. Baudin (ed.) 1973, *La Legione* Tagliamento, in *Vita e morte del soldato italiano nella guerra senza fortuna*, IV, Ginevra
G. Bedeschi 1963, *Centomila gavette di ghiaccio*, Milano
G. Bedeschi 1972, *Nikolajewka: c'ero anch'io*, Milano
G. Bedeschi 1980, *Gli italiani nella Campagna di Russia del 1941 al 1943*, in C. de Laugier, G. Bedeschi, *Gli italiani in Russia. 1812. 1941- 1943*, Milano
G. Bedeschi 2005, *Fronte russo c'ero* anch'io, 2 voll., Milano
A. Beevor 1998, *Stalingrad*, London (tr. it. Milano 2000)
S. Bertelli, F. Bigazzi 2001, *P.C.I.: la storia dimenticata*, Milano
O. Bovio1999, *In alto la bandiera. Storia del Regio Esercito*, Foggia
F. Bigazzi, E. Žirnov 2002, *Gli ultimi 28. La storia incredibile dei prigionieri italiani dimenticati in Russia*, Milano
G. Bucciante 1987, *I generali della dittatura*, Milano
P. Calamai 2002, in P. Calamai, N. Pancaldi, M. Fusco, *Marò della Xa Flottiglia MAS*, Bologna
F. Cappellano 2002, "Scarpe di cartone e divise di tela..." *Gli stereotipi e la realtà sugli equipaggiamenti delle truppe italiane in Russia durante la Seconda guerra Mondiale*, "Storia militare" 10
M. Carloni 1956, *La campagna di Russia*, Milano
P.A. Carnier 1990, *L'armata cosacca in Italia 1944-1945*, Milano
P. Carrell (P. Schmidt) 1963, *Untenehmen Barbarossa. Der Marsch nach Russland*, Frankfurt a.M.- Berlin (tr.it. Milano 2000)
P. Carrell (P. Schmidt) 1966, *Verbrannte Erde*, Frankfurt a.M.- Berlin (tr.it. Milano 2000)
U, Cavallero 1984, *Diario 1940-1943* (a cura di G. Bucciante), Roma
L. Ceva 1982, *Africa settentrionale 1940-1943*, Roma
G. Ciano 1990, *Diario 1937-1943* (a cura di R. De Felice), Milano
P. Cavallo 1997, *Italiani in guerra. Sentimenti e immagini dal 1940 al 1943*, Bologna
Com. Divisione *Sassari*, *Il LXIII° Battaglione* Sassari *della Legione* Tagliamento, s.a.i.
Commissione Ministeriale d'Indagine sul presunto eccidio di Leopoli avvenuto nell'anno 1943 1988, *Relazione conclusiva*. Roma
R. Conquest 1968, *The Great Terror*, (tr. it della 3ª ed., Milano 1999)
F. Conti 1986, *I prigionieri di guerra italiani 1940-1945*, Bologna
S. Corvaja 1982, *Mussolini nella tana del lupo*, Milano
P. Crociani, P.P. Battistelli 2010, *Italian Blackshirt 1935-1945*, Oxford
P. Cucut 2008, *Penne Nere sul confine orientale. Storia del Reggimento Alpini "Tagliamento" 1943-1945*, Voghera

M. D'Auria 1974, *L'Armata della neve. La tragedia dei soldati italiani in Russia*, Roma
F.W. Deakin 1962, *The Brutal Friendship. Mussolini, Hitler and the Fall of Italian Fascism*, London (tr. it. Torino 1970)
R. De Felice 1990, *Mussolini l'alleato. 1. L'Italia in guerra 1940-43. 1. Dalla guerra "breve" alla guerra lunga*, Torino.
R. De Felice 1990b, *Mussolini l'alleato. 1. L'Italia in guerra 1940-43.2 Crisi e agonia del regime*, Torino
D. Del Giudice 2003, "L'85° Battaglione Camicie Nere. Storia ed impiego dal 1937 al 1945", *Storia e battaglie* 22 (2003)
N. Della Volpe 1998, *Esercito e propaganda nella Seconda Guerra Mondiale*, Roma
V. Di Michele 2009, *Io, prigioniero in Russia. Dal diario di Alfonso Di Michele*, Firenze
A. Emiliani, G.F.Ghergo, A. Vigna 1974, *Regia Aeronautica: Balcani e Fronte Orientale*, Milano.
S. Fabei 2008, *La "Legione Straniera" di Mussolini*, Milano
E. Faldella 1959, *L'Italia nella seconda guerra mondiale. Revisione di giudizi*, Bologna
J. Fest, 1973, *Hitler. Eine Biographie*, Frankfurt a.M., Berlin, Wien (tr. it. Milano 1974)
G.C. Fusco 2004, *La lunga marcia*, Palermo
E. Galbiati 1942a, *La Milizia al vaglio della guerra*, Milano
E. Galbiati 1942b, *Battaglioni M*, Roma
V. P. Galitzki, 1993, *Il tragico Don. L'odissea dei prigionieri italiani nei documenti russi*, Varese
V. P. Galitzkij 2001, *"Il più efficace degli antidoti". La morte dei prigionieri italiani in Russia*, in S. Bertelli, F. Bigazzi (curr.), *P.C.I.: la storia dimenticata*, Milano
F. Gambetti 1974, *Gli anni che scottano*, Milano
M. Gandini 1963, *La caduta di Varsavia*, Milano
M. Garofalo, P. Langella, A. Miele 1997, *i Bersaglieri. Le origini, l'epopea e la gloria*, Udine
A Giovanditto 1977, *Panzer all'attacco. La guerra dei Carri dalla Russia a Berlino*, Roma
D. Glantz, J. House 1995, *When Titans Clashed: How the Red Army Stopped Hitler*, Lawrence
J. Goldstein 2003, "Stalingrad and the end of German Invincibility", *Strategy and Tactics* 219 (2003)
Gruppo Medaglie d'Oro al Valor Militare 1965-1973, *Le Medaglie d'Oro al Valor Militare*, I-III, Roma
H. Heiber, D.M. Glantz (edd.) 1962, *Hitlers Lagebesprechungen. Die Protokollfragmenten seiner militärischen Konferenzen 1942-1945*, Münich (tr. ingl. London 2002)
D. Irving 1989, *Hitler's War*, London (tr.it. Roma 2001)
S. Jowett 2000, *The Italian Army 1940-1945 [1] Europe 1940-43*, Oxford
L. Lami 1970, *Isbushenkij l'ultima carica*, Milano.
B. Liddel Hart 1956, *The Other Side of the Hill. The German Generals talk*, London (tr.it. Milano 1979)
L. Lenzi 1968, *Dal Dnjeper al Don. Storia della 63ª Legione CC.NN. Tagliamento nella campagna di Russia*, Roma
L. E. Longo 1991, *I "Reparti speciali" italiani nella Seconda Guerra Mondiale 1940-1943*, Milano
E. Lucas, G. De Vecchi 1976, *Storia delle unità combattenti della M.V.S.N.*, Roma
J. Lucas 1992, *Hitler's Mountain Troops*, London (tr.it. Milano 1997)
K. Macksey 1996, *Why the Germans Lose at War. The Myth of German Military Superiority*, London
D. Mack Smith 1976, *Le guerre del Duce*, tr. it. Roma- Bari
N. Malizia 1987 , *Ali sulla Steppa, la Regia Aeronautica nella Campagna di Russia*, Roma
A. Massignani 1991, *Alpini e Tedeschi sul Don*, Valdagno
G. Massimello, G. Apostolo 2000, *Italian Aces of World War II*, Oxford
C. Merridale 2006, *Ivan's War. The Red Army 1939- 45*, London
S.Merrit Miner 2006, *Stalin's Holy War. Religion, Nationalism and Alliance Politics, 1941-1945*, Raleigh NC
G. Messe 1963, *La guerra al fronte russo. Il Corpo di Spedizione Italiano in Russia (C.S.I.R.)*, Va ed, Milano
A Mollo 1981, *The Armed Forces of World War II,* London (tr. it. Novara 1982)

F. Paulus 1960, *Ich stehe hier auf Befiel!*, Frankfurt a.M. (tr.it. Milano 1968)
A. Rati 2005, *L'80° fanteria. La lunga storia eroica di un Reggimento mantovano diventata leggenda*, Mantova
N. Revelli 1946, *Mai tardi. Diario di un alpino in Russia*, Torino
N. Revelli 1966, *La strada del davai*, Torino
N. Revelli 1971, *L'ultimo fronte*, Torino (nuova ed. 1989)
A. Ricchezza 1972, *Storia illustrata di tutta la Campagna di Russia*, Milano
O. Ricchi, L. Striuli 2007, *Fronte Russo. C.S.I.R. Operations 1941- 1942,* Virginia Beach
E. von Rintelen 1947, *Mussolini l'alleato*, Roma
P. Romeo di Colloredo 2008, *I Pretoriani di Mussolini. Storia militare delle camicie nere, 1923- 1943*, Roma 2008
 P. Romeo di Colloredo 2009, *Emme Rossa! Le camicie nere sul fronte russo 1941-1943*, Genova
G. Rosignoli 1995, *M.V.S.N.. Storia, organizzazione, uniformi e distintivi*, Parma
A. Rosselli 2002, "Le forze romene a Stalingrado", *Storia e Battaglie* 19 (2002)
G. Scotoni 2007, *L'Armata Rossa e la disfatta italiana*, Trento
B. Shepherd 2006, *War in the Wild East. The German Army and Soviet Partisans*, Harvard
T. Schlemmer 2005, *Die Italiener an der Ostfront 1942/1943. Dokumente zu Mussolinis krieg gegen die Sowjetunion,* München-Berlin (tr. It. Roma-Bari 2009)
D.Susmel 1981, *I dieci mesi terribili. Da El Alamein al 25 luglio 1943*, Roma
N. Thomas 1993, *Partisan Warfare 1941-45*, Oxford
C. Tomaselli 1943, *Battaglia sul Don*, Milano- Roma
Ufficio Storico dello Stato Maggiore dell'Esercito 1946, *L'8ª Armata italiana nella Seconda battaglia difensiva del Don (11 gennaio 1942- 31 gennaio 1943)*, Roma
Ufficio Storico dello Stato Maggiore dell'Esercito 1948, *Le operazioni del C.S.I.R. e dell'Armir dal giugno 1941 all'ottobre 1942*, Roma
Ufficio Storico dello Stato Maggiore dell'Esercito 1978, *L'Italia nella Relazione Ufficiale Sovietica sulla Seconda Guerra Mondiale*, Roma
Ufficio Storico dello Stato Maggiore dell'Esercito 2000, *Le operazioni delle Unità italiane al Fronte russo*, IVa ed, Roma
L. Vaglica 2006*, I prigionieri di guerra italiani in URSS. Tra propaganda e rieducazione politica: "L'Alba" 1943-1946*, Milano 2006
F. Valori 1967, *Gli italiani in Russia. La Campagna del C.S.I.R. e dell'ARMIR*, Milano
B. Vandano 1964, *I disperati del Don. La battaglia del Don 1942- 1943*, Milano
A. Werth 1964, *Russia at War 1941-45*, New York
J. Wieder 1962, *Stalingrad und die Verantwortung des Soldaten*, Münich (tr.it. Milano 1967)
G. Williamson 2004, *The Waffen SS (2) 6. to 10. Divisions*, Oxford
J. Whittam 1977, *The Politics of the Italian Army*, London (tr.it. Milano 1979)
R. Zizzo 1996, *1942 1943. La tragedia dell'ARM.I.R. nella Campagna di Russia*, Campobasso

L'autore

Pierluigi Romeo di Colloredo è nato a Roma l'11 febbraio 1966. Archeologo e storico, si è laureato in Lettere presso l'Università di Roma La Sapienza con tesi in Egittologia; si è specializzato in Archeologia Orientale (indirizzo egittologico) ed ha conseguito il Dottorato di ricerca presso l'Università degli Studi di Venezia "Cà Foscari".
Ha prestato servizio militare come Ufficiale dei Granatieri di Sardegna ed è Capitano della Riserva qualificata. Appassionato di storia militare, è autore, a fianco della produzione scientifica legata alla sua attività, di numerosi saggi storici, e in particolare di una serie d'opere basilari sui reparti delle Camicie Nere, presenti anche nella Library of Congress di Washington e nelle biblioteche delle università di Berkeley, Stanford e Toronto; *Emme Rossa! Le Camicie Nere sul Fronte Russo* è stato citato tra i Reference Works su "Holocaust and Genocide Studies", Volume 23, Number 2, Fall 2009, rivista pubblicata dall'Università di Oxford.

www.ingramcontent.com/pod-product-compliance
Lightning Source LLC
LaVergne TN
LVHW081541070526
838199LV00057B/3737